러시아어로 읽는
러시아 국가체제 · 경제
사회 · 문화와 지역정보

실무 **러시아어** 강독

이길주 편저

신아사

머리말

러시아는 무궁한 자원강국으로 유라시아 대륙의 주역이며 다가올 통일 한반도의 배후지로 우리 한국의 가장 근접한 우방이 되어가고 있다. 러시아의 국가체제, 경제와 더불어 그들의 삶과 문화에 대한 이해의 필요성과 함께 그들의 언어에 대한 앎이 그 어느 때보다 절실해지고 있다.

러시아어를 학생들에게 읽히고 번역시키고 해설하고, 러시아 지역학을 가르쳐 온 지 긴 시간이 지났지만, 그 동안 러시아 지역학 관련 콘텐츠를 담은 강독과 회화 교재를 완간하지 못해 아쉬웠다. 이제 21세기 러시아의 오늘의 모습을 포괄하는 러시아어 텍스트를 독해하고 토론하는 공부를 위한 강독-회화연습 교재를 만들어 보았다. 러시아어로 러시아를 이해하고 말할 수 있게 하도록 하였다. 무엇보다 실용적인 강독/회화연습책을 만들기 위해 러시아 현지에서 입수한 문건들을 중심으로 정치·경제·사회·문화적 변화를 담아내는 내용을 단계적으로 배치하였다. 특히 이 책은 지난 기간 이르꾸츠크 국립대 교환교수로 재직 시 이르꾸츠크 대학 동료들과 공동 출간한『Актуальное страноведение』와, 현재 배재대에 근무하는 베라 니꼴라예브나 끼시예바 교수의 열성적 도움에 의한 자료를 근간으로 중·고급 독해와 회화 교재용으로 구성한 것이다. 독자들은 이 책을 통하여 러시아 지역정보를 러시아어로 이해하고 프레젠테이션 등 실무에 활용할 수 있는 능력을 기르게 될 것이다.

이 책은 총 5부로 나뉘어져 제Ⅰ부 "멀고도 가까운 땅"과 제Ⅱ부 "러시아 도시탐방", 제Ⅲ부 "예술문화와 과학", 제Ⅳ부 "생각하며 읽는 정보", 제Ⅴ부 "약어사전" 등으로 구성되었다. Ⅰ부에서는 러시아의 국가체제와 경제, 자원, 환경문제 등 지역학적 지식을 전하는 포괄적 텍스트를, Ⅱ부에서는 러시아의 주요 도시와 시베리아의 자원 등 한·러간 교류협력의 기본 테마를 다루고, Ⅲ부에서는 예술문화 과학과 관습에 관련된 텍스트들을, Ⅳ부에서는 신문, 잡지와 인터넷으로부터 이슈가 된 텍스트들을 발췌, 편집하여 독해와 토론에 활용하게 하였다. 각 절의 편제는 주어진 텍스트와 테마의 이해를 돕는 키워드 또는 예비과제를 각 테마의 머리에 두고, 뒤에 심화과제와 연습문제를 넣어 이해와 활용을 돕고자 했다. 마지막 V부는 현대 러시아에서 쓰이는 약어들을 모아 원어를 제시하고 의미를 해설하여 시사문등 중고급 강독 또는 회화연습에 활용하도록 하였다.

이 책은 배재대 러시아학과 원어민 베라 니꼴라예브나 끼시예바교수와 영문과 졸업생 임 옐레나 양과 러시아학과 전지인 학생의 열성적인 도움으로 만들어졌음을 밝힙니다. 그간 수업에 참석한 모든 학생들과 도움을 주신 베라 니꼴라예브나 교수와 임 옐레나 , 전지인 양에게 다시 한번 감사드립니다. 아울러 출판을 결정해주신 한규갑 상무님을 비롯한 신아사 관계자들에게 심심한 감사의 말씀을 전하고자 합니다.

2011년 12월 배재대 캠퍼스 21세기관에서

이길주

Содержание

Раздел I.

Земля далекая и близкая

제 I 부 멀고도 가까운 땅

Задание 1. Прочитайте текст. Постарайтесь его понять.

1. С чего начать знакомство с Россией?

러시아의 무엇부터 알아야 할까요?

Вы изучаете русский язык. Перед вами стоит нелегкая задача — научиться хорошо писать, читать и говорить по-русски, понимать русскую речь. Но для успешной карьеры этого недостаточно. Вам необходимы знания об экономике, политике, истории и культуре России. Ведь для того, чтобы понять все тонкости изучаемого языка, необходимо как можно больше знать о людях, говорящих на этом языке, об их стране.

С чего начать знакомство с Россией? Ответ очень простой. Конечно, с курса страноведения. Что такое страноведение? Страноведение — это учебный предмет, который дает систему знаний по географии, политическому устройству, экономике, истории, культуре страны изучаемого языка. Этот предмет тесно связан с другими науками, такими, как социология, этнография, география, история культуры, экономика и др. С помощью этого курса вы сможете попутешествовать по России, получить новые знания о русских людях, о других народах, населяющих эту страну. Путешествуя по России, вы узнаете, чем она богата, познакомитесь с ее достопримечательностями, с выдающимися людьми.

Главная задача предмета — дать вам не только картину жизни современной России, представления о ее природе, народе, хозяйстве и культуре, но и показать пути развития страны, рассказать о происходящих переменах.

Страноведение поможет вам в изучении русского языка, познакомит вас с новой лексикой, с незнакомыми понятиями.

Задание 2. Найдите в тексте ответ на вопрос: Какой учебный предмет поможет вам лучше узнать Россию?

Задание 3. Переведите слова на родной язык: социология, этнография, география, экономика, история, культура.

Задание 4. Ответьте на вопрос: С какими науками тесно связан курс страноведения?

Задание 5. Прочитайте текст еще раз. Закончите следующие предложения:

1. Чтобы понять все тонкости русского языка, ...
2. Страноведение — это...
3. Главная задача страноведения — ....
4. С помощью страноведения можно...
5. Страноведение поможет вам ....

Задание 6. Прочитайте сокращенный вариант текста. Сформулируйте и напишите вопросы к тексту.

Знакомство с Россией можно начать с курса страноведения.

Страноведение — это учебный предмет, который дает систему знаний по географии, политическому устройству, экономике, истории, культуре страны изучаемого языка.

Главная задача предмета — рассказать о современной России, о ее природе, народе, хозяйстве, культуре, о путях развития страны.

Страноведение поможет вам в изучении русского языка, познакомит вас с новой лексикой, с новыми понятиями.

Самостоятельная работа.

1. Если вы побывали в России, составьте рассказ о своем первом впечатлении от страны. Вам помогут вопросы:
   Когда вы впервые приехали в Россию?
   В каком городе вы жили?

Что вы там делали ?
Что вас удивило?
Что вам понравилось?
С какими трудностями вы встретились?

2. Составьте рассказ о том, какой вы представляли себе Россию раньше. Вам помогут вопросы:
Когда вы услышали о России в первый раз?
Что вы знали раньше об этой стране?
Что вы думаете о русских людях?
О каких русских городах вы читали, слышали?
В каком русском городе вы хотите побывать и почему?

3. Прочитайте текст со словарем и ответьте на вопрос: Правда ли, что русские не улыбаются? Озаглавьте текст.

....

Иностранцы, которые впервые приезжают в Россию, думают, что русские не улыбаются. Так правда ли, что русские не улыбаются и не смеются? Конечно, неправда! Россияне любят комедии, анекдоты и шутки. Русские любят и умеют смеяться! Но, как правило, русский человек естественно и легко улыбается, смеётся в кругу близких друзей, в своей семье. Вежливо улыбаться незнакомому человеку на улице или соседу по дому ещё не норма этикета в современной России. Это необязательный элемент в русской народной культуре общения (по сравнению, например, с такими восточными странами, как Китай или Япония). Сейчас улыбка как элемент простой вежливости, норма этикета постепенно появляется на лицах русских в сфере обслуживания. Вам почти всегда улыбнутся в дорогом ресторане, в модном бутике, в недешевом отеле—везде, где вы желанный клиент. Если вы обратитесь с вопросом или с просьбой к незнакомому русскому человеку, вы услышите вежливый ответ и поймете, что русские доброжелательны и всегда готовы помочь иностранцу. Улыбнитесь сами и просто скажите: «Извините, пожалуйста. Я иностранец, плохо знаю город (язык, страну, и т.п.). Я не знаю, где мне купить билет (найти остановку, станцию метро, выпить кофе…). Помогите мне, пожалуйста…». Вы сами увидите результат.

”

2.
Россия на карте мира
세계 지도 위의 러시아

“

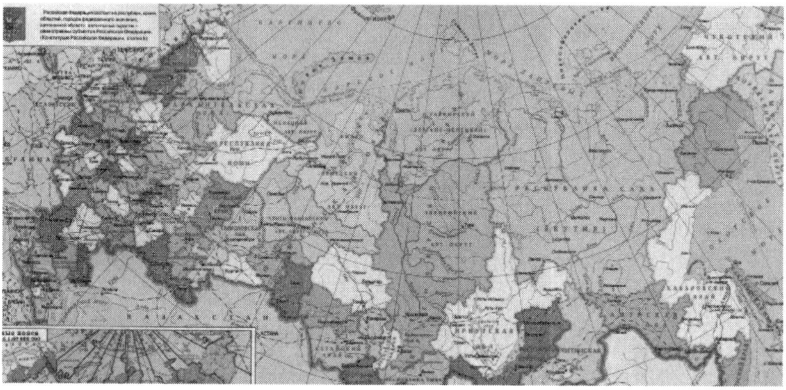

Задание 1. Чтобы понять текст, который вы будете читать, познакомьтесь с новой лексикой:

площадь : 광장, 평지;
территория : 영토, 국토, 판도;
занимать территорию(часть территории, площадь): 영토를 차지하다;
Восточная Европа : 동유럽;
Северная Азия : 북아시아;
часовой пояс : 시간대;
разница во времени : 시차;
граница : 국경;
граничать : 국경을 접하다;
омывать(-ся) : 주위를 흐르다;
равнина : 평지, 평원, 평야;
климат : 기후, 풍토;
умеренный : 온유한, 온화한;

континентальный : 대륙적;
резко-континентальный : 급격한 대륙성;
пресный : 염분이 없는, 민물의;
соленый : 염분, 소금기가 있는;
природные зоны : 자연지대;
лесная зона : 삼림지대;
тундра : 툰드라;
лесотундра : 삼림대와 툰드라의 중간지대;
степь : 스텝, 초원;
пустыня: 황야, 사막;
полупустыня: 반사막지대 (사막과 초원의 경계);
полезные ископаемые: 유용광물;
природные ресурсы: 자연자원;
республика: 공화국;
край: 크라이 (러시아의 행정구역 이름);
округ: 관구;
область: 주, 오블라스찌;
автономный: 자율의, 자치의;
федерация: 연방;
федеративный: 연방의;
город федерального значения: 연방도시.

Задание 2. В тексте вы встретите сокращение слов. Прочитайте и запомните:

- млн. –миллион
- кв. – квадратный
- км. – километр

  Например:

  1 млн. кв. км.—1 миллион квадратных километров.
  2 млн. кв. км.—2 миллиона квадратных километров.
  10 млн. кв. км.—10 миллионов квадратных километров.

- др.– другие

  Например:

В России много рек. Это Волга, Енисей, Обь, Ангара и др.

- и.т.д.—и так далее

  Например:

  В России есть нефть, газ, металлы, золото, алмазы и.т.д.

Задание 3. Прочитайте модели предложений и предложения, составленные по этим моделям:

- что? сколько чего?

  Территория России 17,2 млн. кв. км.
  Площадь территории России 17,2 млн. кв. км.
  Разница во времени 10 часов.

- где? сколько чего?

  В России 11 часовых поясов.
  В стране почти 2 млн. озер, 120 тысяч рек.

- где? насчитывается сколько? чего?

  В России насчитывается 1099 городов.

- что? занимает что?

  Россия занимает большую территорию.
  Страна занимает часть Восточной Европы и Северную Азию.
  Лесная зона занимает третью часть территории России.

- что? омывает что?

  Берега России омывает 12 морей.

- что? омывается чем?

  Берега России омываются двенадцатью морями.

- что? богато чем?

  Россия богата природными ресурсами.

Задание 4. Прочитайте текст. Постарайтесь его понять.

Россия на карте мира

Россия — самое большое по площади государство мира. Площадь территории России — 17,2 млн.кв.км.

Эта страна занимает часть Восточной Европы и Северную Азию.

В России 11 часовых поясов. Разница во времени между западной и восточной точками государства — 10 часов. Поэтому, когда в Москве ночь, на Дальнем Востоке утро.

Россия граничит с 16 государствами. На западе — это Норвегия, Финляндия, Эстония, Латвия. Литва, Польша, Беларусь и Украина. На юге — Грузия, Азербайджан, Казахстан, Монголия, Китай, Корейская Народно-Демократическая Республика. На востоке Россия имеет морскую границу с Японией и США.

Берега России омываются двенадцатью морями. С севера — это Баренцево, Белое, Карское, море Лаптевых, Восточно-Сибирское и Чукотское моря, с востока — Берингово, Охотское и Японское моря, с запада и с юго-запада Балтийское, Черное и Азовское.

Россия — страна равнин. Европейская часть ее расположена на Восточно-Европейской равнине, а за Уралом начинается Западно-Сибирская равнина. На юге страны и северо-востоке Сибири поднимаются горы.

Климат в России разнообразен. От умеренного и континентального в центральной части России до резко континентального в Сибири.

В России более 2 млн. пресных и соленых озер. Самые большие — Байкал, Ладожское и Каспийское озеро-море.

На территории страны около 120 тысяч рек. Это такие известные реки как Волга, Обь, Енисей, Лена, Ангара и др.

На севере России зона тундры и лесотундры. Лесная зона занимает третью часть территории России. На юге страны находится зона степей, полупустынь и пустынь.

Россия богата природными ресурсами. Среди полезных ископаемых газ, уголь, нефть, золото, алмазы, цветные металлы и др.

Лес , плодородные почвы, луга и пастбища, животный и растительный мир, реки, моря и озера—все это тоже богатства России

Россия—многонациональная страна. Население России—145 млн.287 тысяч человек. Это люди более ста шестидесяти национальностей. Большинство составляют русские—около 80%. Россияне говорят на разных языках, но государственный язык—русский.

В состав Российской Федерации входит 21 республика, 6 краев, 49 областей, 1 автономная область, 10 автономных округов.

В стране насчитывается 1099 городов. Самые большие из них—Москва, Санкт-Петербург, Нижний Новгород, Екатерининбург, Самара, Казань, Омск, Новосибирск, Челябинск, Ростов-на-Дону, Уфа, Волгоград.

Самые древние русские города—Владимир, Суздаль, Псков, Новгород, Тверь.

Сегодня в городах Российской Федерации проживает 73,3% всего населения. 40 % граждан живет в крупных городах.

Столица России—Москва. Москва—это город федерального значения. Население Москвы—10,9 млн. человек. Санкт-Петербург—это тоже город федерального значения. Там живет 4,6 млн. человек.

Задание 5. Закончите и напишите следующие предложения:

1. Площадь России—..
2. Россия занимает ....
3. Когда в Москве ночь, на Дальнем Востоке.....................................
4. Россия граничит с ....
5. Россия богата ....
6. В состав Российской Федерации входит ....

Задание 6. Найдите в тексте ответы на вопросы:

1. Что вы узнали о территории России?
2. С какими государствами граничит Россия?

3. Какие равнины есть в России?
4. Сколько озер в Российской Федерации? Назовите самые известные.
5. Какие российские реки вы знаете?
6. Назовите природные зоны России.
7. Какие полезные ископаемые есть в России?
8. Назовите столицу России и самые древние города.

Задание 7. Прочитайте сокращенный вариант текста. Напишите вопросный план.

Площадь России 17,1 млн. кв. км. Российской Федерацией граничит 16 государств. Берега России омывает 12 морей. В России около 2 млн. пресных и соленых озер. На территории страны 120тыс. рек. В России много полезных ископаемых. Здесь есть нефть, природный газ, уголь, цветные металлы, алмазы, золото и.т.д. Россия — многонациональная страна. Государственный язык — русский. В состав РСФСР входит 21 республика, 6 краев, 49 областей, 1 автономная область, 10 автономных округов. В стране более 1099 городов. Столица России — Москва.

Задание 8. Расскажите кратко, что вы узнали о России, используйте свой вопросный план.

Самостоятельная работа.

1. Что вы можете рассказать о территории России?
2. Расскажите о природных богатствах Российской Федерации.
3. Сравните нацональный состав населения России и вашей страны.
4. Используя текст задания 4, карту России и вопросный план, напишите небольшой рассказ о Российской Федерации.
5. Прочитайте тексты о России в начале XX века, о природных ресурсах, о климате России. Обратите внимание на ключевые слова. Выделите новую для вас информацию. Ответьте на вопросы после каждого текста.

Текст 1

Россия в начале XX века 20세기 초의 러시아

키워드

러시아 제국: Российская империя
북빙양: Северный Ледовитый океан
인구밀도: плотность населения
농산물: сельскохозяйственное производство
인구조사: перепись населения
유럽, 아시아: Европа, Азия
중앙아시아: Центральная Азия
산업지역: промышленный регион
인구과잉: перенаселение
평방킬로미터: квадратный километр

К началу XX столетия Россия (Российская империя) была самым большим по территории государством мира. Она располагалась на значительной части Европы и Азии от Балтийского моря до Тихого океана и от Северного Ледовитого океана до среднеазиатских пустынь. Природа её отличалась исключительным разнообразием. Хозяйственное развитие различных регионов страны было неравномерным. Быстро и хорошо развивалась промышленность в Московском, Петербургском, Рижском, Лодзинском, Южно-Российском, Уральском регионах. Началось интенсивное освоение Сибири и Дальнего Востока, где крупными промышленными центрами становились города Красноярск и Новониколаевск (Новосибирск), а также Владивосток. Однако огромные пространства были плохо связаны друг с другом транспортными артериями.

В большинстве освоенных регионов российской империи преобладало сельскохозяйственное производство. В центральных районах европейской части страны наблюдалась тенденция к аграрному перенаселению, что вело к малоземелью. В то же время плотность населения за Уралом не превышала одного человека на квадратный километр.

В 1897 году в России была проведена первая перепись населения. Численность населения (без Финляндии) составляла свыше 125 млн. человек. Прирост населения шёл быстро, и уже к 1914 году численность населения Российской империи составила более 175 млн. человек. В демографических прогнозах того времени отмечалось, что при отсутствии войн и кризисов общая численность населения в стране к середине XX века приблизится к 350 млн. человек.

Ответьте на вопросы (다음 물음에 답하시오):

1. 러시아 제국 대부분 지역에서 어떤 공업이 우세하였는가?
2. 러시아의 첫 번째 인구 조사는 언제 있었는가?
3. 이 인구 조사는 무엇을 보여줬는가? 그 당시, 인구 통계학적인 예측들에서 나타난 미래의 러시아 인구상황은 무엇인가?

Текст 2

Природные ресурсы 자연자원

키워드

광물자원: минеральные ресурсы
유용광물: полезные ископаемые
연료 에너지: топливно -энергия
매장지: месторождение
광석: руда
원석: камень
천연가스: природный газ
철,비철금속: чёрные, цветные металлы

Минеральные ресурсы.

Минеральные ресурсы — это запасы полезных ископаемых. Минеральные ресурсы — это сырьё для важнейших отраслей экономики страны: топливно-энергетической, металлургической, химической, оборонной, медицинской, строительной. Они играют важную роль в экспортно-импортных связях России. Например, в 1995 году экспорт алюминия составил 2,1 млн.т, экспорт меди — 120 тыс.т, экспорт нефти — 122 млн.т, газа — 185,5 млрд. кубических метров.

На территории России открыты крупные месторождения угля, нефти, природного газа, железа, никеля, меди, алюминия, олова, хрома, вольфрама, золота, серебра, платины, урана и т.д. Велики запасы неметаллических руд: фосфориты, апатиты, тальк, асбест, слюда, калийные и поваренные соли, алмазы, драгоценные и полудрагоценные камни. Большое количество строительных материалов: песок, глина, известняк, мрамор, гранит.

Доля России в мировых запасах угля, железной руды, калийных солей, фосфорного сырья составляет 30 и более процентов.

В 1995 году доля России в мировой добыче минерального сырья составляла: нефти — 11,6%, газа — 23%, угля — 12~14%, железной руды — более 10%, алмазов — 26%, никеля — 22%, апатитов — 55%, калийных солей — 15,5%.

Наиболее богаты минеральными ресурсами Урал, где есть почти все виды минеральных ресурсов, Среднее и Южное Поволжье, северная и центральная часть Западной Сибири (нефть и газ), южная часть Восточной Сибири (уголь, железные руды, цветные металлы).

Минерально-сырьевая база России оценивается примерно в 30 трлн. долларов США.

Ответьте на вопросы (다음 물음에 답하시오):

1. 러시아의 주요 광물자원은 무엇인가?

2. 광물자원은 어떤 경제 부문의 원료가 되는가?

3. 러시아에서는 어떤 광물들의 매장지가 발견되었는가?

4. 세계적인 석탄, 철광, 칼리염과 인 보유량에서 러시아가 차지하는 부분은 얼마인가?

5. 어떤 지역들에 광물자원이 가장 풍부한가?

6. 러시아 광물자원의 가치를 어떻게 평가할 수 있는가?

Реки.

키워드

담수: пресная вода
저수지: водохранилище
총 유량: общий объём стока
발틱: Балтийский
아조프: Азовский
랍테프 해: море Лаптевых

Россия богата природными водами, которые сосредоточены в реках, озёрах, водохранилищах.

На территории России протекает свыше 2,5 млн. рек. 120 тыс. рек имеют длину более 10 км. Общий объём стока всех рек составляет около 10% мирового речного стока.

Познакомьтесь с характеристикой крупнейших рек России. Назовите самую длинную реку, самую большую реку в Европейской части России.

Бассейны, моря	Реки	Длина реки, км
Балтийское море	Нева	750
Белое море	Северная Двина	750
Баренцево море	Печора	1814
Азовское море	Дон, Кубань	1870, 970
Каспийское море	Урал, Волга	1530, 3694
Карское море	Енисей (с Ангарой) Обь (с Иртышом)	3844 3676
Море Лаптевых	Лена	4377
Охотское море	Амур	2825

Озёра и водохранилища.

В России около 2 млн. озёр. Более 90% озёр — маленькие озёра. 8 российских озёр относятся к крупнейшим озёрам мира. Их характеристики приведены в таблице (5 крупнейших озёр).

> 키워드
>
> 담수호 : пресноводное озеро
> 댐 : плотина, дамба
> 저수지 : водохранилище

5 крупнейших озёр

Озеро Озеро	Площадь зеркала, км²	глубина (м)		Запасы воды, км³
		средняя	наибольшая	
Байкал	31500	730	1741	23000
Ладожское	17700	5,1	230	908
Онежское	9720	29	127	285
Зайсан	5510	9,6	80	53
Таймыр	4650	2,8	26	13

Самое глубокое пресноводное озеро в мире — Байкал. В Байкале содержится около 20% мировых и 85% росийских запасов пресных вод.

В России создано более 2000 водохранилищ. Самое крупное водохранилище– Братское, находится на севере Иркутской области.

Леса.

Леса являются национальным богатством России. Они занимают более 40% территории страны. Площадь российийских лесов составляет 1/5 часть площади лесов мира, а запас древесины — более 20% мировых запасов.

Ответьте на вопросы (다음 물음에 답하시오):

1. 러시아의 담수는 어디에 집중되어 있는가?

2. 러시아에는 몇 개의 강이 흐르고 있는가?

3. 몇 개의 호수들이 러시아에 있는가?

4. 세계적으로 제일 큰 호수들 중에 몇 개의 러시아 호수들이 포함되어 있는가?

5. 러시아에는 몇 개의 저수지들이 있는가?

6. 제일 큰 저수지는 어디에 위치해 있는가?

7. 세계적인 숲의 면적과 비교하여 러시아의 숲의 면적은 얼마나 되는가?

8. 세계적인 목재보유량에서 러시아의 목재는 몇 퍼센트인가?

8. 바이칼 호수에 대해 아는 점을 이야기하시오.

Текст 3

Климат 기후

키워드

극: 북극지방 Арктика
지대: пояс
온대: умеренный пояс
해빙: оттепель
아열대: субтропический пояс
동, 서 시베리아: Восточная, Западная Сибири
한극점: полюс холода

Территория России располагается в арктическом, субарктическом и умеренном поясах и лишь небольшая часть побережья Чёрного моря в районе Кавказа—в субтропическом поясе. Почти везде климат континентальный.

Северо-запад Европейской части России отличается неустойчивой погодой, частыми циклонами, из-за которых зимой бывает оттепель и гололёд. Зима сравнительно мягкая (7~10°C), а лето—короткое и прохладное.

На северо-востоке Европейской части России климат континентальный. Зимой температура воздуха -16~20℃. Снег лежит 150-200 дней в году. Толщина снега—50~100 см.

Центральные районы Европейской части отличаются умеренно холодной зимой с частыми оттепелями и тёплым летом. Средняя температура в январе от -10°C до -15℃, в июле +20℃. Период с положительными температурами продолжается 7~8 месяцев.

На юге Европейской части России лето тёплое и сухое. Летом температура выше +20℃. Период с положительными температурами продолжается 8-10 месяцев. Здесь часто бывают засухи. Зимой температура опускается до -4℃-6℃.

В Западной Сибири зима длится долго, бывают сильные

ветры и обильные снегопады. Температура опускается ниже -30℃. Лето продолжается 3~4 месяца. Иногда летом бывают заморозки.

В Восточной Сибири климат резкоконтинентальный, годовая амплитуда температур достигает 60~65℃. На севере Восточной Сибири в районе города Верхоянска находится полюс холода. Здесь была зафиксирована самая низкая температура воздуха -72℃. Зима в Восточной Сибири продолжается до 7 месяцев, осадков обычно выпадает немного.

На Дальнем Востоке зима холодная и малоснежная, преобладает ясная погода. Летом бывают обильные дожди и туманы. Средняя температура июля в южном Приморье +20℃, на севере региона +10℃+12℃. На Дальнем Востоке находится самый влажный район России—Камчатка, где выпадает до 3000 мм осадков. (В центральных районах России выпадает 300~600 мм в год).

Ответьте на вопросы (다음 물음에 답하시오):

1. 한극점은 어디에 위치해 있는가?
2. 한극점 지역에서 제일 낮은 기온은 몇 도인가?
3. 러시아에서 습기가 제일 많은 지역은 어디에 위치해 있는가?
4. 당신이 러시아에 산다면 어느 기후지대에 살고 싶은가?

3.
Государственно -политическое устройство России
러시아 국가 정치 구조와 체제

Задание 1. Чтобы понять текст, который вы будете читать, познакомьтесь с новой лексикой:

глава государства: 국가 원수;
президент: 대통령;
власть: 권력, 힘, 권위;
законодательная власть: 입법부;
исполнительная власть: 행정부;
судебная власть: 사법부;
парламент: 국회;
избирать: 선거하다;
правительство: 정부, 내각;
суд(-ы): 재판, 심판, 사법제도;
политическая партия: 정당;
международное общение: 국제교류;
международная организация: 국제기구;
дипломатические отношения: 외교관계;
осуществлять: 실현, 실시, 시행, 성취하다;
определять: 정하다, 결정하다, 단정하다;
поддерживать: 지탱하다, 지지하다, 찬성하다;
представительство: 대표자의 직, 대표부

Задание 2. Прочитайте модели предложений и предложения, составленные по этим моделям:

- что? что?
  Россия—федеративное государство.
- кто? кто?

Глава государства — президент.

- что? является чем?
  Россия является федеративным государством.
- кто? является кем?
  Президент является главой государства.
- кого? избирают на сколько лет?
  Президента избирают на 6 лет.
- что? осуществляет что?
  Законодательную власть осуществляет парламент.
- Исполнительную власть осуществляет Правительство.
  Судебную власть осушествляют суды.
- что? определяется кем?
- что? осуществляется чем?
  Внещняя политика определяется президентом и осуществляется Министертвом иностранных дел.
- что? поддерживает что?
  Россия поддерживает дипломатические отношения с 191 государством.

Задание 3. Прочитайте текст. Постарайтесь его понять.

Российская Федерация

25 декабря 1991 года Российское государство (СССР) получило новое название — Российская Федерация.

Россия — демократическая федеративная президентско-парламентская страна.

Главой государства является президент. Президента избирают на 6 лет.

Законодательную власть осуществляет парламент, который состоит из 2-х палат: Совета Федерации и Государственной Думы. Исполнительную власть осуществляет Правительство. Судебную власть осуществляют суды. В России 7 политических партий. В Государственной думе — 4 партии: Единая

Россия (ЕР), Коммунистическая партия Российской Федерации (КПРФ), Либерально-демократическая партия (ЛДПР) и Справедливая Россия (СР).

Россия — один из основных участников международного общения. Она входит в «Большую восьмерку» экономически-развитых стран, является членом других международных организаций. Например: член Совета Европы и ОБСЕ (Оганизации по безопасности и сотрудничеству в Европе).

Внешняя политика России определяется президентом страны и осуществляется Министерством иностранных дел. Россия поддерживает дипломатические отношения с 191 государством, имеет представительства в 144 странах.

Задание 4. Закончите и напишите следующие предложения.

1. Россия — это демократическая федеративная ....

2. Глава государства — ....

3. В России 7..

4. Россия поддерживает дипломатические отношения с ....

Задание 5. Найдите в тексте ответы на следующие вопросы:

1. Какое государство Россия?
2. Кто является главой этого государства?
3. Какие государственные органы осуществляют законодательную, исполнительную и судебную власти?
4. Какие партии есть в Государственной думе?
5. Как вы думаете, Россия — это активный участник международного общения?

Задание 6. Прочитайте текст еще раз и напишите его краткий вариант. Вы можете пользоваться вопросами задания 5.

Задание 7. Напишите назывной план текста.

Самостоятельная работа.

1. Найдите в интернете информацию о президентах России.
2. Расскажите, что вы узнали об одном из них.
3. Найдите в интернете информацию о флаге России. Расскажите, что вы узнали.

Флаг России

Герб России

4. Прочитайте тексты. Обратите внимание на ключевые слова. Напишите кратко, что вы узнали о гербе России. Ответьте на вопросы после текстов.

Текст 1

Двуглавый орел — символ России 러시아의 상징–쌍두독수리

키워드

문장 : **герб** / 유라시아 강국 : **евразийская держава**
비상하다 : **парить** / 멘탈리티: **ментальность**

Герб России — это на некоторое время утраченный и вновь обретённый двуглавый орёл, который мы обнаруживаем теперь повсюду, даже на монетах. Что он символизирует?

Орёл сам по себе — это одно значение, двуглавость орла — это ещё одно значение. Орёл — птица гордая и хищная, вызывающая уважение, это во-первых, и это птица, которая парит высоко, во-вторых. Следовательно, символ, который мы видим на российском гербе, как минимум, двузначен.

Первое значение — это символизируемая орлом ориентация государства на высокий и гордый полёт, на значительность в мировом сообществе. Весьма возможно, что есть в этом символе и преостережение (на всякий случай) — с такой птицей воевать опасно.

Второе значение — это две головы орла, и принято считать, что одна из них смотрит на запад, другая — на восток. Это достаточно сложное значение, и одно из толкований этого значения — это то, что Россия является евразийской державой, поскольку территория России располагается на обеих континентах, т.е. на европейском и азиатском.

Возможно и такое толкование: вместо двух «и» (и Европа, и Азия) можно поставить «не»: не Европа, не Азия. Тогда получается, что Россия создала за тысячу лет своего существования с момента принятия христианства в 988 году некую третью ментальность, т.е. строй мысли и национальную психологию, которая отличается как от европейской, так и от азиатской.

Ответьте на вопросы (다음 물음에 답하시오):

1. 러시아 문장의 상징성은 무엇인가?

2. 러시아가 유라시아 강국이라는 기본적 이유는 무엇인가?

Текст 2

Конституция РСФСР 러시아 연방헌법

키워드

연방국가: федеративное государство
제정: установлене, устанавливать
연방주체: субъект федерации
민족자결권: право народов на самоопределение
기본원칙: основные принципы
독점적 관할(권): исключительное ведение
헌법재판소: Конституционный суд

12 декабря 1993 года был принят ныне действующий Основной закон Российской Федерации, определивший основы государственного строя, права и свободы граждaнг страны, полномочия и функции органов власти. За время своего существования Конституция РФ лишь один раз претерпела изменения. В 2008 году срок полномочий президента России и Госдумы был увеличен до шести и пяти лет соответственно. Более десяти лет День Конституции — 12 декабря — отмечался, как государственный праздник, но начиная с 2005 года он не входит в число красных дат календаря. Тем не менее, по данным социологов, как минимум две трети россиян помнят эту дату. И хотя ряд статей Конституции напоминает пока «декларацию о намерениях», она до сих пор являет собой «дорожную карту», не позволяющую ни свернуть в сторону, ни повернуть назад. Конституция РФ 1993 года определяет Россию как федеративное государство с республиканской формой правления. В Конституции впервые вводится понятие «субъект федерации», не известное в ранее действовавших Конституциях. Введя единое понятие — субъект федерации, Конституция

подчеркнула, что все субъекты федерации равноправны, в том числе во взаимоотношениях с федеральными органами государственной власти. Конституция устанавливает и другие основные принципы федеративного устройства России. Это государственная целостность: Россия — не союз государств, а единое государство, что обеспечивается системой организации государственной власти, верховенством Федерального права, единым государственным языком, единой денежной единицей, единым экономическим пространством и т.д. Ещё один основной принцип Российской Федерации — право народов на самоопределение, что особенно важно для такой многонациональной страны, как Россия. Формула Конституции «Самоопределение народов в Российской Федерации» означает, что народы, населяющие Россию, могут самостоятельно изменять формы своего политического устройства (в рамках Федеральной Конституции), но права их выхода из состава России Конституцией не предусмотрено.

Все споры между органами государственной власти Федерации и органами государственной власти её субъектов решает Конституционный суд.

Границы между субъектами Федерации могут быть изменены только с их взаимного согласия. Государственный язык Российской Федерации на всей её территории — русский язык, но республики имеют право устанавливать собственные государственные языки, которые в официальных органах используются наряду с русским языком.

В исключительном ведении Федерации находятся: принятие и изменение Конституции России, федеральных законов, федеративное устройство, защита прав и свобод граждан и вопросы гражданства. Субъекты Федерации принимают законы и другие нормативные акты, которые не могут противоречить федеральным законам.

Ответьте на вопросы (다음 물음에 답하시오):

1. 1993년 헌법은 러시아를 어떻게 정의하고 있는가?

2. 1993년 헌법에 처음 도입된 개념은 무엇인가?

3. 헌법이 제정하고 있는 러시아 연방조직의 기본 원칙은 무엇인가?
4. 헌법의 "민족 자결권"이란 무엇인가?

5 러시아 연방 국가기관과 연방 주체들의 분쟁을 해결하는 기관은 무엇인가?

6. 헌법에 각 민족의 언어 문제를 어떻게 해결하고 있는가?

7. 어떤 문제들이 연방의 고유 관할 하에 있는가?

Текст 3

Форма правления 행정체제

키워드

삼권분립 원칙: принцип разделения властей
행정의: исполнительный
견제와 균형: система сдержек и противовесов
사법의: судебный
과도한 지방분권 경쟁: чрезмерная компетенция местных властей
상호작용, 상호관계: соотношение
헌법재판소: конституционный суд
총체적,국가이익: общегосударственный интерес
입법의: законодательный
대법원: верховный суд

Конституция РФ относит к основам конституционного строя принцип разделения властей, в соответствии с которым власть не должна быть сосредоточена в руках одного лица или одного органа, а должна быть рассредоточена между законодательной, исполнительной и судебной ветвями власти. Принцип разделения властей требует строгого разграничения их компетенции, наличия системы, с помощью которой каждая ветвь власти может ограничивать другие. Такая система называется системой сдержек и противовесов.

Разделение властей не исключает, а предполагает взаимодействие властей, единство государственного режима.

Принцип разделения властей действует и в другом, вертикальном аспекте как сбалансированное соотношение центральной власти с региональными (местными) властями. Это особенно важно при федеративном устройстве государства. Сосредоточение слишком большой власти у центра может приводить к игнорированию местных интересов, чрезмерная компетенция местных властей может отрицательно сказаться на общегосударственных интересах.

Государственная власть в РФ состоит из законодательной, исполнительной и судебной. На федеральном уровне законодательная власть представлена Федеральным собранием — парламентом Российской Федерации, исполнительная власть — правительством, судебная власть — конституционным судом РФ, Верховным судом РФ и Высшим Арбитражным Судом РФ. Президент РФ является главой государства, он — гарант Конституции РФ и в этом качестве обеспечивает согласованное функционирование и взаимодействие государственной власти.

Ответьте на вопросы (다음 물음에 답하시오):

1. 삼권분립 원칙은 무엇인가?

2. 삼권분립 원칙을 위해 필요한 점은 무엇인가?

3. 견제와 균형 시스템은 무엇인가?

4. 중앙 권력과 지방 권력의 상호관계에서 권력 분립이 중요한 이유는 무엇인가?

5. 러시아 국가권력의 하부 구조를 설명하라.

6. 러시아 국가수반은 누구인가?

Текст 4

Избирательная система 선거제도

키워드

선거: выбор
연방 국가기구: федеральные государственны
직접선거권: прямого избирательного права
비밀투표: тайное голосование
법적 무능자: недееспособный
판결: признание
피선거권: пассивное избирательное право
입법기구: законодательные органы
지역 자치: местное самоуправление
행정부서: исполнительные органы
개표; подсчёт голосов
참관인: наблюдатель

Порядок выборов Президента РФ, формирования Федерального собрания, иных федеральных государственных органов регулируется федеральными законами.

Граждане РФ участвуют в выборах на основе всеобщего, равного, прямого избирательного права при тайном голосовании. Избирательное право имеют все граждане России, достигшие 18 лет, кроме граждан, признанных судом недееспособными или лишёнными свободы по приговору суда. Для пассивного избирательного права устанавливается минимальный возраст: он не может превышать 21 год при выборах в законодательные (представительные) органы государственной власти субъектов федерации России, 30 лет — при выборах главы исполнительного органа государственной власти субъекта и 21 год при выборах главы местного самоуправления. Сроки обязательного проживания на территории, где избирается гражданин, не могут превышать одного года.

Участие гражданина РФ в выборах является добровольным.

Гражданин РФ, проживающий за её пределами, обладает всей полнотой избирательных прав.

Право выдвижения кандидатов принадлежит избирательным объединениям и непосредственно самим избирателям. Для совместного участия в выборах общественные организации могут объединяться в избирательные блоки.

Голосование на выборах в РФ проводится, как правило, в один из выходных дней. Подсчёт голосов избирателей членами избирательной комиссии начинается сразу же после окончания времени голосования.

Во время голосования на избирательных участках могут присутствовать наблюдатели, представляющие кандидатов, избирательные объединения, а также иностранные (международные) наблюдатели.

Ответьте на вопросы (다음 물음에 답하시오):

1. 러시아 대통령 선거와 연방 의회 및 기타 연방 국가 기관의 구성 절차는 무엇으로 정하는가?

2. 러시아 시민들은 어떤 기본 원칙에 의거해 선거에 참여하는가?

3. 러시아의 선거권자의 조건은 무엇인가?

4. 피선거권자의 최소연령은 어떻게 제정되어 있는가?

5. 후보자 추천권자의 조건은 무엇인가?

Текст 5

Государственное устройство России 21 века 21세기 러시아 국가체제

키워드

통치형태: форма правления
통치체제: правовая система
선거권: избирательное право
입법기구: законодательная власть
시민권: гражданское право
국제사법재판소: Международный Суд
행정부: исполнительная власть
헌법재판소: Конституционный Суд

1. Название страны:

официальное название страны: Российская Федерация
общеупотребимое название страны: Россия
официальное название на языке страны: Российская Федерация
общеупотребимое название на языке страны: Россия
бывшее название: Российская Империя, Российская Советская Федеративная Социалистическая Республика (РСФСР)

2. Государственное устройство- форма правления в России:

федерация
Столица России:
название: Москва
географические координаты: 55 45 N, 37 35 E
разница во времени: UTC+3
летнее время: +1 час, начинается в последнее воскресенье марта, заканчивается в последнее воскресенье октября

примечание: Россия разделена на 11 часовых поясов

Административно-территориальное деление России:

В составе Российской Федерации 83 равноправных субъекта, в том числе 21 республика, 9 краёв, 46 областей, 2 города федерального значения, 1 автономная область, 4 автономных округа. Россия также подразделяется на 7 федеральных округов. Субъекты Федерации имеют своё административно-территориальное деление. Как правило, основными единицами в составе субъекта являются районы и города республиканского (областного, краевого) значения.

республики: Адыгея(Майкоп), Республика Алтай(Горно-Алтайск), Башкортостан(Уфа), Бурятия(Улан-Удэ), Дагестан (Махачкала), Ингушетия(Магас), Кабардино-Балкария(Нальчик), Калмыкия(Элиста), Карачаево-Черкесия(Черкесск), Карелия(Петрозаводск), Коми(Сыктывкар), Марий Эл(Йошкар-Ола), Мордовия (Саранск), Саха (Якутия)(Якутск), Северная Осетия—Алания (Владикавказ), Татарстан(Казань), Тыва(Кызыл), Удмуртия (Ижевск), Хакасия(Абакан), Чечня(Грозный), Чувашия(Чебоксары)

области: Амурская область, Архангельская область, Астраханская область, Белгородская область, Брянская область, Челябинская область, Иркутская область, Ивановская область, Калининградская область, Калужская область, Кемеровская область, Кировская область, Костромская область, Курганская область, Курская область, Ленинградская область, Липецкая область, Магаданская область, Московская область, Мурманская область, Нижегородская область, Новгородская область, Новосибирская область, Омская область, Оренбургская область, Орловская область, Пензенская область, Псковская область, Ростовская область, Рязанская область, Сахалинская область, Самарская область, Саратовская область, Смоленская область, Свердловская область, Тамбовская область, Томская область, Тверская область, Тульская область, Тюменская область, Ульяновская область, Владимирская область, Волгоградская область, Вологодская область, Воронежская область, Ярославская область

края: Алтайский край (Барнаул), Камчатский край (Петропавловск-Камчатский), Хабаровский край (Хабаровск), Краснодарский край(Краснодар), Красноярский край (Красноярск), Пермский край(Пермь), Приморский край (Владивосток), Ставропольский край(Ставрополь), Забайкальский край(Чита)

автономная область: Еврейская автономная область

автономные округа: Ненецкий автономный округ, Ханты-Мансийский автономный округ, Чукотский автономный округ, Ямало-Ненецкий автономный округ

города федерального значения: Москва, Санкт-Петербург

Независимость России:

24 августа 1991 г. от Советского Союза

Национальные праздники России:

День России 12 июня (с 1990 г.)

Конституция России:

принята 12 декабря 1993 года

Правовая система России:

основана на системе гражданского права; судебный обзор законодательных актов; не признаёт обязательную юрисдикцию Международного Суда

Избирательное право в России:

с 18 лет, всеобщее избирательное право

Исполнительная власть в России:

глава государства: Президент Дмитрий Анатольевич Медведев (с 7 мая 2008 года)

глава правительства: Председатель правительства Владимир Владимирович Путин(с 8 мая 2008 г.); Первый заместитель Председателя правительства Игорь Иванович Шувалов и Виктор Алексеевич Зубков(с 12 мая 2008 года); заместитель Председателя правительства Сергей Борисович Иванов(с 12 мая 2008 года), Дмитрий Николаевич Козак(с 14 октября 2008 г.), Алексей Леонидович Кудрин(с 24 сентября 2007 года), Игорь Иванович Сечин(с 12 мая 2008 года), Сергей Семенович Собянин(с 12 мая 2008 года) и Александр Дмитриевич Жуков(с 9 марта 2004 года).

кабинет: Исполнительную власть в России осуществляет Правительство. Правительство состоит из председателя и его заместителей, министров и некоторых других лиц; все назначаются президентом

примечание: имеется также администрация президента, которая занимается подбором персонала и политической поддержкой президента, готовит проекты президентских указов, а также координирует политику между государственными учреждениями; Совет Безопасности также подчиняется непосредственно Президенту

выборы: Президент избирается всенародным голосованием на четырехлетний срок (с правом избрания на второй срок); последние выборы состоялись 2 марта 2008 года (следующие состоятся в марте 2012 года);

примечание: нет должности вице-президента; если Президент умирает или не может осуществлять свои полномочия по причине плохого здоровья, импичмента, либо уходит в отставку, то Председатель правительства выступает в качестве исполняющего обязанности президента до новых президентских выборов, которые должны состояться в течение трех месяцев; Председатель назначается президентом и утверждается Думой

результаты выборов: Дмитрий Медведев избран президентом; процентов голосов — Дмитрий Медведев 70,2%, Геннадий Зюганов 17,7%, Владимир Жириновский 9,4%

Законодательная власть в России:

двухпалатное Федеральное Собрание состоит из Совета Федерации (168 мест — по 2 представителя от каждого субъекта РФ — по одному от органов исполнительной и законодательной власти) и Государственной Думы(450 мест — избирается на основе пропорционального представительства по партийным спискам победивших партий получивших не менее 7% голосов; члены избираются всенародным голосованием на четырехлетний срок)

выборы: выборы в Государственную Думу последний раз проводились 2 декабря 2007 года(следующие состоятся в декабре 2011 года)

результаты выборов: Государственная Дума — Единая Россия 64,3%, КПРФ 11,5%, ЛДПР 8,1%, Справедливая Россия 7,7%, другие 8,4%; места по партиям — Единая Россия 315, КПРФ 57, ЛДПР 40, Справедливая Россия 38

Судебная власть в России:

Конституционный суд; Верховный суд; Высший Арбитражный Суд; судьи всех судов назначаются пожизненно Советом Федерации по рекомендации президента

Политические партии в России и их лидеры:

Аграрная партия(Владимир Плотников); Справедливая Россия(Сергей Миронов; образовалась из слияния трёх небольших партий: Родина, Российская партия пенсионеров и Российская партия жизни); Гражданская Сила(Михаил Барщевский); КПРФ(Геннадий Андреевич Зюганов); Демократическая партия(Андрей Богданов); Российская экологическая партия «Зелёные»(Анатолий Панфилов); Либерально-Демократическая Партия России (Владимир Жириновский); Партия Возрождения России (Геннадий Селезнев); Патриоты Россия(Геннадий Семигин); Российская политическая партия Мира и Единства(Сажи Умалатова); Народный союз(Сергей Бабурин); Партия социальной справедливости(Аркадий Гайдамак); Союз Правых Сил(Никита Белых); Единая Россия(Борис Грызлов); Яблоко(Григорий Явлинский)

Политическое влияние групп и лидеров:

Левада-Центр (проведение опросов); Мемориал (права человека); Движение против незаконной миграции; Память (сохранение исторических памятников); Русская Православная Церковь; Общество русско-чеченской дружбы

другие: экологические группы; группы по правам человека; националистические прагматики (против иностранного влияния на Центральную Евразию); религиозные группы

Участие России в международных организациях:

АТЭС(APEC), Arctic Council, ARF, АСЕАН(ASEAN) (диалог-партнёр), БМР(BIS), BSEC, CBSS, CE, CERN(наблюдатель), CIS, CSTO, EAEC, EAPC, ЕБРР(EBRD), G-8, GCTU, МАГАТЭ(IAEA), МБРР(IBRD), ИКАО(ICAO), МТП(ICC), ICCt(подписание), ICRM, IDA, МФК(IFC), IFRCS, МГО(IHO), МОТ(ILO), МВФ(IMF), ИМО(IMO), IMSO,

Интерпол(Interpol), МОК (IOC), IOM(наблюдатель), IPU, ИСО(ISO), ITSO, МСЭ(ITU), ITUC, LAIA(наблюдатель), MIGA, MINURSO, NAM(гость), NSG, OAS(наблюдатель), OIC(наблюдатель), ОЗХО(OPCW), OSCE, Парижский клуб, PCA, PFP, SCO, ООН(UN), Совет Безопасности ООН(UN), ЮНКТАД(UNCTAD), ЮНЕСКО(UNESCO), УВКБ ООН(UNHCR), UNIDO, UNITAR, UNMEE, UNMIL, UNMIS, UNOCI, UNOMIG, UNTSO, ЮНВТО(UNWTO), ВПС(UPU), ВТО(WCO), WFTU, ВОЗ(WHO), ВОИС(WIPO), ВМО(WMO), ВТО(WTO)(наблюдатель), ZC

Описание флага России:

Государственный флаг Российской Федерации—её официальный государственный символ(наряду с гербом и гимном). Представляет собой прямоугольное полотнище из трёх равновеликих горизонтальных полос: верхней—белого, средней—синего и нижней—красного цвета. Отношение ширины флага к его длине 2:3.

Главой государства является Президент

Главой государства является Президент России, избираемый на 4 года всенародным голосованием. Согласно действующей Конституции, он обладает целым рядом важнейших полномочий: осуществляет руководство внешней политикой, является Верховным Главнокомандующим Вооружёнными силами, назначает с согласия Государственной Думы Председателя Правительства, принимает решение об отставке Правительства. По предложению Председателя Правительства назначает на должности Заместителей Председателя Правительства и федеральных министров, а также освобождает их от должности. Президент возглавляет Совет безопасности, назначает и освобождает от должности командование Вооружёнными силами. Обладает правом предлагать на рассмотрение Совета Федерации кандидатуры на должность Председателя Центрального Банка (не входящего в состав Правительства). В случае агрессии или непосредственной угрозы агрессии Президент имеет право объявить военное положение на всей территории страны или на отдельных территориях, но при этом обязан незамедлительно известить о своём решении Федеральное Собрание. Обладает правом издания Указов, обязательных для исполнения на всей территории России(Указы не должны противоречить федеральным Законам). Обладает также целым рядом других полномочий.

Президент может быть отрешён от должности Советом Федерации при условии выдвижения Государственной Думой обвинения в государственной измене или совершения иного тяжкого преступления и наличия положительных заключений Верховного и Конституционного судов.

Исполнительную власть в России осуществляет Правительство. Система федеральных органов исполнительной власти состоит из федеральных министерств, федеральных служб и федеральных агентств.

Судебную власть в России осуществляют суды: Конституционный Суд, суды общей юрисдикции во главе с Верховным Судом и арбитражные суды во главе с Высшим Арбитражным Судом. В регионах России существуют Уставные суды субъектов и мировые судьи.

Ответьте на вопросы (다음 물음에 답하시오):

1. 러시아 국가명칭의 변화과정을 설명하시오.

2. 연방행정 단위와 구조를 서술하시오.

3. 러시아 입법부의 체제를 설명하시오.

4. 현 러시아정부의 행정부와 정당 구조에 대해 설명하시오.

4. Экономика и экология

경제와 환경

Задание 1. Чтобы понять текст, который вы будете читать, познакомьтесь с новой лексикой:

крах: 실패, 참패, 파탄;
происходить: **произойти**: (어떤 사건이) 일어나다, 생기다, 행해지다;
перемены: 변경, 변화;
реформа (-ы): 개혁, 혁신;
свободные цены: 시장가격;
обесцениваться: **обесцениться**: 가치가 떨어지다, 없어지다;
денежный вклад: 예금;
материальное положение: 재정상태;
ухудшаться: **ухудшиться**: 악화되다, 못쓰게 되다;
разориться: 영락, 파산하다;
национальный доход: 국민소득;
промышленное производство: 산업생산;
частная собственность: 사유재산;
подешеветь: 값이 내려가다;
преобразования в экономике: 경제 구조조정;
стабилизировать: 안정시키다, 공고히하다;
ликвидировать, ликвидирован(-а, -о,-ы): (회사 등을) 청산, 정리하다;
дешеветь: **подешеветь** –값이 내려가다;
заем: **займы**: 차용;
внешние займы: 외채;
долг(- и): 부채, 빚;
международные обязательства: 국제약정;
монополия на землю: 땅에 대한 독점권;
расширяться: **расшириться**: 확대하다;
сельскохозяйственный: 농업의;
предприятие (-я): 회사.

Задание 2. Прочитайте модели предложений и предложения по этим моделям.

- когда? из-за чего? где? начало происходить что?
  С середины 80-х годов из-за краха социалистической экономики в России начали происходить серьезные перемены.
- что? обесценилось, ухудшилось, закрылось?
  Денежные вклады населения обесценились, материальное положение ухудшилось, государственные предприятия закрылись.

Задание 3. Прочитайте текст. Постарайтесь понять его. Озаглавьте текст.

....

С середины 80-х годов из-за краха социалистической экономики в России начали происходить серьезные перемены в политической и экономической жизни страны. Этот период времени в России называют перестройкой.

Глобальные экономические реформы начались в январе 1992 года. Стали свободными цены. Денежные вклады населения обесценились. Материальное положение граждан ухудшилось. Многие государственные предприятия закрылись.

К середине 90-х годов экономическое положение продолжало ухудшаться.

Из страны уехали многие ученые, специалисты, деятели культуры.

В 1998 году разорились банки. Рубль подешевел относительно доллара втрое. Цены резко поднялись вверх.

Нужны были немедленные преобразования в экономике. Страна отказалась от внешних займов, начала выплачивать долги по международным обязательствам.

Появились новые формы хозяйствования, была ликвидирована государственная монополия на землю, расширились права сельскохозяйственных предприятий.

Но проблемы в российской экономике еще есть. Решение этих проблем—главная задача правительства.

Задание 4. Закончите и напишите следующие предложения:

1. Перестройка в России началась ....
2. Денежные вклады населения ...., материальное положение граждан ...., многие предприятия ....
3. К середине 90-х годов ....
4. В 1998 году ....
5. Решение экономических проблем—это ....

Задание 5. Найдите в тексте ответы на вопросы:

1. Когда и почему в России начались глобальные экономические и политические реформы?
2. Почему в 1998 году нужны были немедленные преобразования в российской экономике?
3. Какие это были преобразования?
4. Как вы думаете, что является главной задачей правительства Российской Фдерации?

Задание 6. Прочитайте сокращенный вариант текста. Выделите основные части текста, озаглавьте их. Напишите назывной план.

В середине 80-х годов в России произошли большие перемены. Этот период времени в России называют перестройкой.

До конца 90-х годов экономическая ситуация в стране ухудшалась. Нужны были серьезные преобразования в экономике. Страна отказалась от внешних займов, появились новые формы хозяйствования, была ликвидирована монополия на землю, расширились права сельско-хозяйственных предприятий. Но не все экономические проблемы решены. Решение этих проблем —главная задача правительства.

Самостоятельная работа.

1. Скажите, как вы понимаете термин «перестройка»?
2. Что вы знаете о российском бизнесе, о российских бизнесменах?
3. Если вы были в России, поделитесь впечатлениями о наличии товаров в магазинах и на рынке.
4. Как вы думаете, существуют ли различия по ассортименту товаров в магазинах и на рынке в России и в вашей стране?
5. Прочитайте тексты о промышленности в России и об экологии. Обратите внимание на ключевые слова. Выделите новую для вас информацию, ответьте на вопросы после текстов.

Текст 1

Промышленность 산업

키워드

주요 산업부문 : ведущие отрасли промышленности
전기 에너지 : электроэнергия
화학-석유화학 : химия и нефтехимия
목재가공 : деревообработка
사유화: разгосударствление (приватизация)
경제위기 : экономический кризис

У России колоссальный промышленный потенциал, однако в в период перестройки промышленность России переживала глубокий кризис, который выразился в спаде производства практически во всех ведущих отраслях.

Ведущими отраслями промышленности России являются: электроэнергетика, топливная, чёрная и цветная металлургия, химическая и нефтехимическая, машиностроение, оборонная, лесная, деревообрабатывающая, целлюлозно-бумажная, лёгкая, пищевая.

Наиболее устойчиво в период кризиса работали отрасли топливно- энергетического комплекса (кроме угольной промышленности).

Значительный спад производства был в машиностроении, особенно в сельскохозяйственном и тракторном машиностроении. Сильно сократилось производство металлорежущих станков и кузнечно- прессовых машин.

На предприятиях оборонного комплекса продолжаются работы по конверсии производства, однако реализация конверсионных программ не привела к существенным структурным сдвигам в оборонных отраслях, хотя доля гражданской продукции в общем объёме производства оборонного комплекса составляет более 70%. В последнее десятилетие можно отметить 2 положительные тенденции в развитии российской промышленности:

1. усиление процесса интеграции российской экономики в мировой рынок;
2. массовое разгосударствление (приватизация) предприятий.

Ответьте на вопросы (다음 물음에 답하시오):

1. 최근 십 년간 러시아 산업의 총체적 현황은 어떠했는가?

2. 러시아의 주요 공업분야는 어떠한가?

3. 경제 위기 상황에서 어떤 러시아의 공업부문들이 가장 안정되게 운용되었는가?

4. 건축자재의 생산은 왜 감소되었는가?

5. 어떤 이유로 중요 식료품 생산이 감소되었는가?

Текст 2

Топливно-энергетические ресурсы Сибири 시베리아의 연료에너지 자원

키워드

천연가스: природный газ
수직 절개 (면): вертикальный разрез
매장량, 매장지: месторождение
응축가스: газ и конденсат
잠재자원: потенциальный рессурс
아시아 태평양 지역: АТР: Азиатско-Тихоокеанский Регион
송유관: нефтепровод, 가스관 : газопровод

Нефть и газ

Мировые разведанные запасы природного газа оцениваются в 500~550 трлн. мэ́, нефти—в 200~300 млрд. тонн. Россия занимает первое место в мире по запасам газа (160 трлн. мэ́, 36% мировых), второе место по запасам нефти (свыше 20 млрд.т, 13% мировых), уступая только Саудовской Аравии.

Нефть почти всегда залегает вместе с горючим газом.

Такие месторождения нефти называются нефтегазовыми. Нефть и газ в них как бы рассортированы в вертикальном разрезе. Прогнозные извлекаемые ресурссы в пределах Иркутской области предварительно оцениваются по нефти и конденсату в 2,6 млрд.т., по горючему газу в 7,5 трлн. мэ́.

На сегодняшний день разведано и поставлено на баланс не более 12% потенциальных ресурсов.

Значительная часть территории Иркутской области располагается на Сибирской платформе и имеет большие перспективы на выявление новых месторождений нефти и газа. В пределы области вклинивается обширная Лено-Тунгусская нефтегазоносная провинция, которая разделяется на 4 крупные нефтегазоносные области—Непско-Ботуобинскую, Ангаро-

Ленскую, Присаяно-Енисейскую и Прибайкало-Патомскую.

Нефть месторождений Иркутской области отличается специфическими свойствами. Она легче западносибирской, что повышает выход лёгких фракций при её переработке, малосернистая, малопарафинистая, что облегчает её транспортировку по нефтепроводу до потребителя.

Газ в основном метановый, с высоким содержанием метана и гелия, среднее содержание пропана — 2%, бутана — 1%.

Газоконденсатное месторождение Ковыктинское находится в Жигаловском районе, в 350 км к северо-востоку от г.Иркутска (см. таблицу). Это самое крупное в Иркутской области (и на востоке России) газоконденсатное месторождение. При дополнительной разведке его северно-западной наименее изученной части ожидается увеличение запасов по газу до 1500 млрд. мэ́.

Данное месторождение представляет интерес не только своими запасами, но и относительно близким расположением к индустриально- развитым южным районам области. Ковыктинский газ может использоваться для промышленных, энергетических и коммунальных нужд Иркутско-Черемховского промышленного района и Зиминского- Тулунского ТПК, поставляться в соседние регионы и экспортироваться в страны АТР.

Характеристика запасов газоконденсатных месторождений

Месторождение	Газ, млрд. м³		Конденсат, млн. т	
Ковыктинское	276,6	593,0	11,1	23,8
Братское	10,7	-	0,8	-
Аянское	10,2	-	-	-
Атовское	2,1	-	0,2	-
Всего	299,6	593,0	12,1	23,8

Ответьте на вопросы (다음 물음에 답하시오):

1. 러시아의 천연가스 매장량은 얼마이며 전세계 대비 몇 프로인가?

2. 이르꾸츠크주에서의 새로운 원유가스 매장지는 어디인가?

3. 코빅타 가스 매장지의 장점과 개발 전망은 무엇인가?

Текст 3

Восточно-Сибирский экономический регион 동시베리아 경제지역

키워드

지역간 노동 분업– территориальное разделение труда
모피업– пушной промысел
시장의 특성화– рыночная специализация
교통망– транспортная связь
혹독한 기후– суровость климата
수력발전소– гидроэлектростанция

Восточная Сибирь — второй по территории (после Дальнего Востока) экономический район России. Отрасли рыночной специализации района, определяющие его место в территориальном разделении труда, — угольная промышленность, электроэнергетика, цветная металлургия (особенно производство алюминия), некоторые производства химической промышленности, лесная промышленность и пушной промысел.

Какие отрасли промышленности получили развитие в этом экономическом районе?

Экономическо-географическое положение региона на севере Азии, удалённость от тёплых океанов и связанная с этим суровость климата затрудняют хозяйственное освоение территории.

Природные условия Восточной Сибири характеризуются суровостью климата, наличием мерзлоты, торфяных болот, тундры, тайги, а также преобладанием возвышенностей и гор.

Наиболее удобной в природно-климатическом отношении считается юго-западная часть Восточной Сибири. Поэтому здесь сосредоточены основная масса населения, крупнейшие промышленные центры, наиболее развиты транспортные связи.

Влияние природных условий и ресурсов на размещение и развитие хозяйства в некоторых районах Восточной Сибири очень велико. Чем труднее природные условия, тем более ценным и уникальным должен быть район, чтобы компенсировать повышенные затраты на его развитие.

Почему крупнейшие промышленные центры Восточно-Сибирского района сосредоточены в юго-западной части?

Рыночная специализация Восточной Сибири характеризуется топливно-энергетическим, горно-металлургическим и лесопромышленным комплексами.

Отрасли топливно-энергетического комплекса формируются на основе добычи угля, использования уникальных гидроресурсов, а в перспективе и освоения открытых в регионе крупных запасов нефти и природного газа.

Электроэнергетика является отраслью рыночной специализации Восточной Сибири.

Кроме тепловых здесь построены крупнейшие в России гидроэлектростанции — Саяно-Шушинская (6,4 млн. кВт) и Красноярская (6 млн. кВт) на Енисее; Братская (4,5 млн. кВт) и Усть-Илимская (4,3 млн. кВт) на Ангаре. На Ангаре ведётся строительство ещё одной ГЭС — Богучанской (4 млн. кВт). Вырабатываемая электроэнергия передаётся в другие районы страны.

Горно-металлургические отрасли Восточной Сибири имеют для хозяйства России исключительное значение. В Восточной Сибири издавна ведётся добыча золота. Особенно выделяются в этом отношении Читинская (Балей) и Иркутская (Бодайбо) области, а также Красноярский край.

В Восточной Сибири ведётся добыча руды, олова, меди, никеля и кобальта.

Начинается освоение Удоканского месторождения меди в Читинской области. Здесь при участии иностранного капитала в ближайшее время предполагается построить крупный горно- обогатительный комбинат.

Особо следует сказать об алюминиевой промышленности, которая получила здесь мощное развитие благодаря дешёвой электроэнергии ГЭС Ангаро-Енисейского каскада. Крупнейшие алюминиевые заводы построены в Красноярске, Саяногорске, Братске, Шелехове.

Отрасли лесопромышленного комплекса, включающего лесозаготовительную, деревообрабатывающую и целлюлозно-бумажную промышленность, сосредотачивают около 1/4 всего промышленно- производственного персонала.

Ответьте на вопросы (다음 물음에 답하시오):

1. 동시베리아의 주요 자연조건은 무엇인가?

2. 이 지역 시장의 특성화는 어느 부문에서 특징적인가?

3. 수력발전소가 발달된 현황은 어떠한가?

Текст 4

Экологическая обстановка 생태환경 현황

키워드

생태, 환경: экология
오염: загрязнение
축적: накопление
훼손: деформация
표준수요: нормативное требование
고갈: истощение
탄산가스: углекислый газ
누출: утечка
삼림고갈: усыхание лесов
영구동토대: район вечной мерзлоты
지구온난화: глобальное потепление

В природной среде России за последние десятилетия произошли существенные негативные изменения, вызванные как глобальным ухудшением экологической ситуации, так и процессами, происходящими в России.

За прошедшие десятилетия в стране сложилось ресурсоёмкое и энергоёмкое хозяйство, поскольку опережающее развитие тяжёлой промышленности требовало много металла, энергоносителей и других ресурсов. Имея мощную индустрию по добыче и переработке сырья, а также гигантский военно-промышленный комплекс, Россия, подобно другим развитым странам, вносит немалый вклад в загрязнение окружающей среды: большие выбросы газов, накопление загрязнений в водоёмах, почве, растительности, утечка радиоактивных веществ. В то же время в стране наблюдаются деформации среды и по типу развивающихся стран: быстро деградируют пахотные земли, ухудшается состояние лесов, истощаются минеральные ресурсы. Природа России несёт как бы двойную нагрузку — и развитой, и развивающейся страны.

Перенасыщенная собственными загрязнениями, Россия во всё большей мере становится ареной притяжения загрязняющих производств из других стран. Этот феномен проявился уже в 70-80 годах, но тогда он тщательно скрывался, теперь же он стал явным и очень опасным.

В расчёте на каждого жителя Российской Федерации газопылевые выбросы составляют 480 кг в год, а выделение углекислого газа от сжигания ископаемого топлива — 3,5 т в год. Основой современного мирового хозяйства служат «мокрые» технологии, использующие воду, которая в результате оказывается очень грязной. В сбросах промышленных предприятий насчитываются сотни разных химических веществ.

Экологическая напряжённость возрастает из-за неэффективного использования природных ресурсов. Из невозобнавляемых ресурсов теряется: 14% добытого угля, 28%хромовой руды, 8% медной руды, 61% калийных солей, почти половина поваренной соли. Потери древесины достигают 20% от вырубки, а в сельском хозяйстве теряется от 20 до 40% произведённой продукции.

Такие отрасли, как энергетика, добыча сырья, производство синтетических материалов, военная промышленность экологически более опасны, а их сосредоточение в одном месте создаёт особенно опасное территориально-отраслевое сочетание. Подобные комплексы сложились на Урале, в Поволжье, на Кольском полуострове, на юге Сибири.

Продолжается ухудшение водных, земельных, растительных ресурсов. Сокращается сток крупных рек, интенсивно используемых в хозяйстве: годовой сток Волги уменьшился на 10%, а Дона, Кубани, Терека — на 40%. Качество воды большинства водных объектов не отвечает нормативным требованиям.

Ухудшается состояние растительных ресурсов, особенно в тундре и степях. Происходит усыхание лесов, на больших площадях они поражаются вредителями.

В условиях глобального потепления на огромных северных пространствах России идёт вытаивание вечной мерзлоты, в результате чего увеличиваются площади заболоченных земель, разрушаются естественные сообщества организмов, а в атмосферу выделяется большое количество метана и других газов (сероводород, углекислый газ и т.д.).

В России существует более 200 ареалов с острыми экологическими проблемами. Каждый из них занимает площадь 10~15 кмы́.

Наиболее напряжённая экологическая обстановка сложилась на побережьях Азовского и Чёрного морей, и в Северном Прикаспии, Калмыкии, Среднем Поволжье, в промышленных зонах Урала и в Кузбассе. Эти районы характеризуются сложным комплексом экологических проблем, которые обусловлены загрязняющим влиянием крупных промышленных центров, а также чрезмерным использованием естественных ресурсов.

Нарастание экологической напряжённости вызывает ряд социальных последствий: рост заболеваемости людей, особенно в городах; миграцию, сопровождаемую новой категорией беженцев—«экологических»; локальные экологические конфликты; экологическую агрессию—вывоз токсичных технологий и отходов в другие регионы и страны.

Улучшение состояния окружающей среды России связано со структурной перестройкой хозяйства и выработкой экологической стратегии развития. Необходимо сократить энергоёмкость, ресурсоёмкость валового национального продукта и уменьшить потребление энергии и ресурсов в расчёте на одного жителя страны. Природопользование должно базироваться на преимущественном потреблении возобновляемых ресурсов и сопровождаться их постоянным воспроизводством.

Ответьте на вопросы (다음 물음에 답하시오):

1. 러시아의 자연환경에 부정적 변화들이 발생되는 원인은 무엇인가?

2. 지난 십 년 동안 경제 분야에서 자원집약적이며, 에너지 집약적인 산업이 우세했던 이유는 무엇인가?

3. 다른 선진 국가와 같은 유형의 환경오염에 러시아의 "기여"는 무엇인가?

4. 러시아에서 일어나는 개발도상국 유형의 환경 훼손은 어떤 것들이 있는가?

5. 러시아에서 생태 환경을 위협하는 포괄적 요인은 무엇인가?

6. 환경폐해가 가장 위험한 공업지역들은 어디에 있는가?

7. 물, 땅, 식물자원들이 어떻게 변화하는가?

8. 러시아 북쪽지역에 지구 온난화가 미치는 영향은 어떠한가?

9. 위급한 생태학 문제를 지닌 분포지역은 몇 군데나 있는가?

10. 가장 위험한 생태학적 문제 지역은 어디인가?

11. 생태파괴 문제는 어떤 심각한 사회 문제를 불러일으키는가?

12. 환경문제를 개선하기 위한 포괄적 최우선 대책은 무엇인가?

5.
Религия и церковь
종교와 교회

Задание 1. Чтобы лучше понять содержание текста, который вам предстоит прочитать, выполните следующие задания:

а) прочитайте перевод данных слов на корейский язык:

религия (конфессия): 종교;
разновидность: 이종, 변종, 변형;
христианство: 그리스도교;
католичество: 가톨릭교, 천주교;
протестантизм: 개신교;
Русская православная церковь : 러시아정교
ислам (мусульманство): 이슬람교, 회교;
буддизм: 불교;
иудаизм: 유대교;
последователь: 추종자;
монастырь: 수도원;
духовность: 영성, 정신적인 것;
священнослужитель: 사제;
наследие: 유산, 상속권.

б) постарайтесь понять значение новых слов и словосочетаний, используя следующие объяснения:

вероисповедование = конфессия — религия, официальная принадлежность к одной из разновидностей религии. Православное вероисповедование;
многоконфессиональность = много конфессий;
православие — разновидность христианства, самостоятельное направление с XI века;
католичество — разновидность христианства. Центр католи-

чества — Ватикан;

протестанизм — третья разновидность христианства; возник протестанизм в XVI веке;

ислам, или мусульманство — одна из мировых религий;

буддизм — древнейшая мировая религия, которая возникла в IV–V веках до н.э.;

иудаизм — религия, распространенная среди еврейского народа;

патриарх — глава, высший чин в русской православной церкви;

Задание 2. Прочитайте текст. Постарайтесь его понять.

Религия и церковь

Особенностью исторического развития России можно считать многоконфессиональность. И это понятно. На огромной территории Российского государства издавна жили многочисленные народы. В настоящее время в стране около 70 различных религий и конфессий.

Большинство верующих в России — православные. Это связано с историческим прошлым страны. В 988 году Русь приняла христианство по греческому образцу. Сегодня это направление представлено Русской православной церковью, которая насчитывает более 150 млн. последователей в разных странах мира. Основная их часть живёт в России. Русской православной церкви (так же, как и другим конфессиям) возвращены сотни храмов и десятки монастырей, одновременно строится много новых церквей. Самый яркий пример — восстановление в центре Москвы разрушенного в 30-е годы храма Христа Спасителя.

В настоящее время Русская православная церковь имеет возможность для обучения священнослужителей в трех духовных академиях, 11 духовных семинариях, в 17 духовных училищах. В стране около 250 монастырей.

Главой Русской Православной церкви является Патриарх Московский и всея Руси Кирилл.

Другое христианское направление в России — католичество, которое представлено Римско-католической церковью. В 1990 году были восстановлены дипломатические отношения с Ватиканом. Последователи этого направления живут преимущественно в Москве, Санкт-Петербурге, в Сибири. Они объединены в религиозные общины, которых на территории современной России насчитывается около 300. Численность католиков составляет приблизительно полмиллиона человек.

Распространено в Российской Федерации и такое направление христианства, как протестантизм. В современной России действует несколько протестанских организаций, среди которых — лютеране, пятидесятники и другие. Считается, что на территории бывшего СССР активно действуют 29 протестанских движений, которые объединяют свыше одного миллиона верующих.

Второй (после православия) по численности религией в России является ислам. Численность мусульман — свыше 13 млн, что составляет 9% всего населения страны. Наиболее распространен ислам на Северном Кавказе, Урале, в Поволжье и в Сибири. Большая мусульманская диаспора проживает в Москве. Всего в стране насчитывается 3048 мусульманских религиозных организаций. Одним из старейших исламских центров является Центральное духовное управление мусульман России.

Распространены в России и такие религии, как буддизм и иудаизм. По разным оценкам, в настоящее время насчитывается более 1 млн последователей буддизма, проживающих в основном в Бурятии, Туве, Калмыкии, Якутии, Читинской, Иркутской областях.

Иудейская религия распространена среди 1 млн евреев, проживающих в основном в Москве и Санкт-Петербурге. Еврейская община России представлена 197 религиозными организациями.

Итак, в современном российском обществе различные религии составляют важную часть исторического наследия народов России, и государство гарантирует каждому свободу вероисповедания.

Задание 3. Ответьте на вопросы:

1. Сколько религий в настоящее время насчитывается в России?
2. Какая самая распространенная религия в Российской Федерации?
3. Кто является главой Русской православной церкви?
4. Какие еще направления христианства представлены в России?
5. Какая религия по численности занимает второе место в России?
6. Где проживают мусульмане России?
7. Какие еще религии представлены в России?

Задание 4. Закончите следующие предложения:

1. Особенностью исторического развития Российской Федерации считают ....
2. Наибольшее число верующих в России ....
3. Главой Русской православной церкви является
4. Ислам является второй ....

Самостоятельная работа

1. Расскажите, какая религия получила распространение в вашей стране.
2. Прочитайте со словарем дополнительный текст о православных храмах и иконах в России. Кратко запишите основное содержание этого текста.

Текст 1

Храм и икона 사원과 성화

Государство, которое существовало в начале Средневековья на территории восточно-европейской равнины, называлось Киевская Русь, т.к. центром этого государства был Киев. Государство было сильное и влиятельное, во главе его стоял Киевский Князь. В конце 10 века при князе Владимире Киевская Русь приняла христианскую веру в ее восточном варианте — православие. Вместе с православием из Византии на Русь пришли и православные книги, церковные обряды, архитектура, первые священники. Православные храмы, сначала строили приглашенные, а затем и свои мастера. Одним из первых православных храмов стал Софийский собор в Киеве (начало 11 века) и Софийский собор в Великом Новгороде (начало 12 века).

Внутри православных русских церквей нет ни скамеек, ни стульев — люди во время службы стоят. При украшении внутреннего интерьера храма на Руси тоже следо-

вали примеру великой Византии: использовали мозаику, фрески, иконы. Иконы располагались на стенах храма, но больше всего—на иконостасе.

Иконостас сначала был небольшой, там располагались иконы в один ряд. Постепенно к 15 веку иконостас вырос до самого верха, теперь здесь было несколько рядов с иконами. Искусство иконописи достигло на Руси небывалого расцвета. Иконописцы не подписывали свою работу, поэтому мы не знаем их имен.

До 17 века на Руси развивалась почти исключительно иконопись, другого изобразительного искусства не знали. В разных местах, городах сложились свои оригинальные школы иконописи: новгородская, владимиро-суздальская, ярославская, московская и другие.

Ответьте на вопросы (다음 물음에 답하시오):

1. 러시아정교 사원과 성화의 역사를 간략하게 말하시오.

2. 러시아정교 사원과 의례의 특징을 약술하시오.

Раздел II.

По городам России

제II부 러시아 도시 탐방

1.
Москва — столица государства российского
러시아의 수도 모스크바

Задание 1. Чтобы понять текст, который вы будете читать, познакомьтесь с новой лексикой:

достопримечательность(-и) : 구경할 가치가 있는 물건, 장소, 명승고적;
князь : 공작;
княжество : 공국;
дерево : 나무, 수목;
деревянный : 나무의, 나무로 만든;
дуб : 참나무;
камень : 돌, 석재;
каменный : 돌의, 돌로 된, 석조의;
кирпич : 벽돌;
храм : 신전, 사원, 성당, 교회;
собор : 대사원, 수도원 내의 대성당;
белокаменный = из белого камня : 흰 돌의, 하얀 돌벽의;
символ : 상징, 심볼;
гордость : 긍지, 자랑, 오만, 거만;
в старину : 옛적에;
объединять : объединить : 통일하다;
защищать : защитить : 방어하다;
сохраняться : сохраниться : 보존되다.

Задание 2. В текстах урока вы встретите незнакомые вам имена людей, названия городов, площадей, улиц, соборов, достопримечательностей. Прочитайте их, поставьте ударение, обратите внимание на их правильное произношение.

Юрий Долгорукий, Михаил Васильевич Ломоносов, Владимирское княжество, Московский Кремль, Красная площадь, Торговая площадь, Собор Василия Блаженного (Покровский собор), Большой театр, Третьяковская галерея, Московский государственный университет (МГУ).

Задание 3

а) Прочитайте модели предложений и предложения, составленные по этим моделям.

- что? это что?
  Москва — это столица России. Москва — это древний и современный город.
- что? занимает какое место? среди чего?
  Столица России занимает особое место среди других городов.

б) Обратите внимание на глагол «основать», прочитайте речевые модели с этим глаголом и родственными ему словами:

- основать что? (основать город)
- основанный (-ая, -ое, -ые) (страд. прич.) = который основали
- основан (краткое страд. прич.) (= был основан) кем? (основан Юрием Долгоруким)
- основатель чего? (основатель Москвы)
- кто? основал что?
  Юрий Долгорукий основал Москву.
- что? (было) основано кем?
  Москва была основана Юрием Долгоруким.
  Петербург был основан Петром Первым.
- кто? — основатель чего?
  Юрий Долгорукий — основатель Москвы.
  Пётр Первый — основатель Петербурга.

• что? было основано кем? когда?
Москва была основана князем Юрием Долгоруким в 1147 году.
МГУ был основан М.В.Ломоносовым в 1775 году.

Задание 4. Прочитайте текст. Постарайтесь понять его содержание.

Москва белокаменная

На нашей планете есть много прекрасных столиц. Таких, например, как Рим, Париж, Лондон, Мадрид, Прага, Сеул и другие. Москва занимает особое место среди этих городов. Столица России — один из самых красивых городов мира. Москва — город федерального значения, политический, промышленный и культурный центр страны.

Для туристов и гостей столицы Москва — это прежде всего Красная площадь, Кремль, Собор Василия Баженного (Покровский собор), Большой театр, Третьяковская галерея и другие достопримечательности. Москва — это древний и современный город. «Белокаменная», «златоглавая»– говорили о Москве в старину.

Москва была основана князем Юрием Долгоруким в 1147 году. Некоторые учёные-историки считают, что русской столице не менее тысячи лет. Именно Москва объединила все русские земли. В 14 веке Москва стала столицей великого Владимирского княжества.

Кремль — это сердце города. Сначала Кремль окружали и защищали деревянные стены из дуба. Во второй половине 14 века построили стены из белого камня. Москву стали называть «белокаменной». На территории Кремля были построены первые известные по летописям каменные храмы. В 1485 — 1495 годах были построены стены из красного кирпича, которые сохранились до наших дней. Вторая половина 15-го — начало 16-го веков — наиболее важный этап в истории Московского Кремля. Москва стала столицей Русского государства. Кремль строился как политический и культурный центр Руси. Архитектурные памятники этого периода сохранились до наших дней. Известный памятник архитектуры 16 века — Собор Василия Блаженного или Покровский собор, который находится на Красной площади. Для многих людей — это символ Москвы.

Красная площадь — гордость России. Ее построили в 15 веке. Сначала она называлась Торговой площадью. В 17 веке площадь стали называть Красной. Почему её назвали «Красной»? В старорусском языке слово «красная» означало «красивая».

Задание 5. Закончите и напишите следующие предложения:

1. Столица России — один из ....
2. Москва — это древний и ....

3. Этот город был основан ....
4. В 14 веке Москва стала столицей ....
5. Во второй половине 15 века Москва стала столицей ....
6. Кремль — это сердце ....
7. Красная площадь — это ....

Задание 6. Найдите в тексте ответы на вопросы:

1. Какое место занимает Москва среди других столиц мира?
2. Какой это город?
3. Когда и кем он был основан?
4. Почему в 14 веке Москву стали называть «белокаменной»?
5. Когда построили Красную площадь?
6. Почему ее назвали «Красной»?

Задание 7. Прочитайте сокращенный вариант текста. Скажите, на сколько частей можно разделить этот текст? Дайте название каждой части текста.

Москва — столица России. Город был основан в 1147 году Юрием Долгоруким. Это политический, промышленный и культурный центр страны. Москва занимает особое место среди других столиц мира. Это очень красивый древний и современный город. Самые известные достопримечательности Москвы — это Московский Кремль, Красная площадь, Большой театр, Третьяковская галерея. Кремль — это сердце столицы, ее исторический, архитектурный и культурный памятник. Сначала стены Кремля были деревянные, потом построили стены зи белого камня. Позже построили стены Кремля из красного кирпича. Красная площадь — символ и гордость России. Ее построили в 15 веке. Красной площадь называлась не всегда. Сначала это была Торговая площадь. А потом ее назвали Красной. Тогда слово «красный» означало «красивый».

Задание 8. С помощью назывного плана краткого текста расскажите, что вы узнали о Москве.

Самостоятельная работа.

1. Посмотрите на фотографии. Прочитайте небольшие тексты. Образуйте начальную форму выделенных слов и переведите их на родной язык.

Москва — центр российской культуры. Здесь много памятников, музеев, библиотек, театров.

Самый известный театр Москвы — это Большой театр. Театр открыли в 1776 году. В театре можно посмотреть балет и послушать оперу. Здание Большого театра было построено в 1821~1824 гг. в строгом классическом стиле. Зрительный зал Большого театра очень красивый. На сцене Большого театра выступали и выступают великие русские артисты.

Самый любимый художественный музей москвичей и гостей столицы — это Третьяковская галерея. Основателем этого музея был П.М. Третьяков (1832~1898).

Третьяковская галерея —это крупнейший художественный музей мира. В музее находится 55 тысяч произведений русской живописи, скульптуры, графики с 11-го века до наших дней.

Гордостью российской высшей школы является Московский государственный университет имени М.В. Ломоносова. МГУ — один из крупнейших в мире центров науки. МГУ — первый русский университет — был создан великим русским учёным МихаиломВасильевичем Ломоносовым в 1755 году. Поэтому около университета стоит памятник этому вели-

кому учёному, а университет носит его имя — Московский государственный университет имени М.В. Ломоносова. Сейчас Московскому университету 255 лет. Это огромный студенческий город, центр науки и культуры.

Московское метро было построено в 1935 году. У всех станций метро(их более 200) светлые залы, красивые вестибюли, удобные эскалаторы. Каждая станция имеет свой архитектурный облик.

2. Напишите ответы на вопросы:

① Что вы узнали о Большом театре?
② Кто был основателем Третьяковской галереи?
③ Чье имя носит МГУ и почему?
④ Что вы можете сказать о Московском метро?

3. Найдите в интернете информацию о столице вашей страны.

Подготовьте небольшой рассказ с иллюстрациями о столице вашего государства.

2.
Санкт-Петербург — город-музей
박물관의 도시 쌍뜨 뻬쩨르부르그

Задание 1. Чтобы понять текст, который вы будете читать, познакомьтесь с новой лексикой:

крепость : 요새, 성채;
начинаться : начаться : 시작되다, 일어나다;
отдых : 휴식;
дата основания города : 도시창건일;
место отдыха : 휴양지;
горожанин, горожанка, горожане : 도시민, 도시인;
становиться-стать столицей : 수도가 되다;
россиянин, россиянка, россияне : 러시아인;
называть (-ся) : 부르다 (불리워지다);
название : 이름, 명칭;
менять : поменять название : 이름을 바꾸다;
многолюдно : 인구가 많은;
война : 전쟁;
мировая война : 세계대전;
достопримечательность (-и) : 구경할 가치가 있는 물건, 장소, 명승고적;
резиденция : 소재지, 주택, 정부소재지;
блокада : 봉쇄;
герой (-и) : 영웅;
героически выдержать блокаду : 봉쇄를 영웅적으로 참고 견디다;
жертва (-ы) : 희생자;
победить : 이기다, 승리를 얻다;
похоронить : 묻다, 매장하다;
кладбище : 묘지;
архитектура : 건축술, 건축학, 건축양식 ;
архитектурный ансамбль : 건축학적 앙상블 (조화);
защитник : 방어자, 보호자;
восхищаться : 황홀해지다, 매혹되다;

река Нева : 네바강;
чудо природы : 자연의 기적;
гордиться : 자랑하다, 과시하다.

Задание 2. В тексте вы встретите имена людей, названия городов, площадей, соборов, музеев и др. Прочитайте их, поставьте ударение, обратите внимание на правильность их произношения.

Петр Первый, Ленин, Санкт-Петербург, Петроград, Ленинград, Питер, Петропавловская крепость, Невский проспект, Зимний дворец, Дворцовая площадь, Площадь Искусств, Сенатская площадь, Эрмитаж, Русский музей, «Медный всадник», река Нева, Исаакиевский собор, Петропавловский собор, Казанский собор, Мариинский театр, Пискаревское кладбище.

Задание 3. Прочитайте модели предложений и предложения, составленные по этим моделям.

- что? называется как?
- Этот проспект называется Невский. Эта улица называется Старый Арбат.
- кто? называет что? как?
  Россияне называют город по-разному.
- что? называлось как?
  Город назывался Санкт-Петербургом, Петроградом, Ленинградом.
- когда?что? стали называть как?
  В 1914 году город стали называть Петроградом
- когда?что? стало называться как?
  После смерти Ленина город стал называться Ленинградом.
- где? много чего?

В Петербурге много музеев, памятников, театров.

- кто? восхищается чем?
  Туристы и гости города восхищаются соборами северной столицы.

Задание 4. Прочитайте текст. Постарайтесь понять его содержание.

Санкт-Петербург — город-музей

Санкт-Петербург — это один из самых замечательных городов мира. Он был основан русским царем Петром Первым в 1703 году.

16 мая 1703 года началось строительство Петропавловской крепости. Это дата основания Петербурга. Сейчас в Петропавловской крепости музей и место отдыха горожан.

В 1712 году Петербург стал столицей российского государства.

Город несколько раз менял свое название. В 1914 году, когда началась Первая мировая война, город стали называть Петроградом или Питером. В 1924 году после смерти Ленина город стал называться Ленинградом. А в девяностые годы двадцатого века город снова стал называться Санкт-Петербургом. И сейчас вы можете услышать, как по-разному россияне называют этот город: Петербург, Ленинград, Питер.

Центральная улица Петербурга — Невский проспект. Здесь всегда многолюдно, потому что на Невском проспекте много магазинов, ресторанов, кафе, есть театры и кинотеатры, выставки, бибилиотеки.

В Петербурге много интересных памятников, красивых зданий, музеев.

Наверное, поэтому говорят, что Петербург —город-музей.

Самое красивое здание—Зимний дворец. Это здание находится на Дворцовой площади. Раньше здесь была резиденция русских царей. Сейчас в этом здании находится музей Эрмитаж.

Другой известный музей Петербурга—Русский музей. Он находится на площади Искусств. В этом музее можно увидеть картины русских художников.

Знаменитый памятник Петру Первому «Медный всадник» стоит на берегу Невы на Сенатской площади.

Во время Второй мировой войны город героически выдержал 900 страшных дней блокады и победил. Жертвы блокады похоронены на Пискаревском кладбище. Там есть архитектурный ансамбль в память о защитниках города на Неве.

Но Петербург не только город памятников и музеев. Это еще и город театров. Их в Петербурге 20. Самый известный—это Мариинский театр оперы и балета.

Туристы и гости города восхищаются старинными соборами северной столицы. Петропавловский, Исакиевский, Казанский соборы и др.—это прекрасные памятники русской архитектуры.

Казанский собор

Прекрасны пригороды Петербурга с их замечательными парками и дворцами-музеями. Незабываемые фонтаны Петродворца (Петергофа).

Интересно побывать в Петербурге весной, в мае, и увидеть своими глазами чудо природы—белые ночи. Петербуржцы любят свой город и гордятся им. Русские писатели и поэты—Пушкин, Гоголь, Достоевский, Некрасов, Блок—воспели город в своих произведениях.

Задание 5. Сформулируйте и напишите вопросы к тексту о Петербурге.

Задание 6. Прочитайте предложения. Скажите, как можно трансформировать данные предложения, не меняя их смысла. Обратите внимание на выделенные слова.

Город Петербург был основан русским царем Петром 1.
На Невском проспекте всегда многолюдно.
Знаменитый памятник Петру 1 стоит на берегу Невы.
Туристы и жители города восхищаются старинными соборами и дворцами северной столицы.

Задание 7. Напишите план своего рассказа о городе и ключевые слова. Расскажите, что вы узнали о Петербурге, о его достопримечательностях.

Задание 8. Определите значение следующих слов и словосочетаний:

- получать—получить что?
  получить письмо, получить хорошее образование
- кто/что? получил что?
  Пётр первый получил хорошее домашнее образование.
  Россия получила выход в Балтийское море.
- любить что?
  любить европейскую культуру
- нравиться кому?
  нравиться Петру Первому

- кто? любил что?
  Пётр Первый любил европейскую культуру.
- кому? нравилось что?
  Петру Первому нравилась европейская культура.
- проводить — провести что?
  проводить время, вечер, каникулы
- провести (прош. вр.: провёл, провела…) сколько времени? где?
- кто? провёл сколько времени? где?
  Пётр Первый провёл 15 месяцев за границей.
- изучать что?
  изучать русский язык, русскую литературу, кораблестроение
- учиться что делать?
  учиться читать и писать по-русски, строить корабли
- учиться где?
  учиться в школе, в университете, в консерватории, в России
- кто? учился что делать?
  Пётр первый учился строить корабли.
- кто? изучал что?
  Пётр первый изучал кораблестроение.
- вернуть что?
  вернуть книгу в библиотеку, вернуть русские земли
- вернуться (откуда?) куда?
  вернуться из Голландии в Россию
- кто? вернулся (откуда?) куда?
  Пётр вернулся из Голландии в Россию.
- кто? вернул что?
  Пётр Первый вернул русские земли, которые захватила Швеция.
- начаться когда?
  начаться в 1700-ом году

- продолжаться сколько времени?
  продолжаться 21 год
- закончиться когда?
  закончиться в 1721-ом году
- что? началось когда?
  Война началась в 1700-ом году.
- что? продолжалось сколько времени?
  Война продолжалась 21 год.
- что? закончилось когда?
  Война закончилась в 1721-ом году.
- стать чем? (кем?)
  стать столицей государства, стать музыкантом
- что? стало чем?
  Петербург стал столицей Российского государства.
- создавать — создать что?
  создать библиотеку
  созданная (-ый, -ое, -ые) (страд. прич.) = которую (-ый, -ое, -ые) создали
  создана (краткое страд. прич.) (= была создана) кем? (Петром)
- кто? создал что?
  Пётр первый создал первую русскую библиотеку.
- что? (было) создано кем?
  Первая русская библиотека (была) создана Петром.
- открывать — открыть что? / библиотеку, музей
- открытый (-ая, -ое, -ые) (страд. прич.) = который (-ую, -ое, -ые) открыли
  открыта (краткое страд. прич.) (= была открыта) кем? (Петром Первым)
- кто открыл что?
  Пётр Первый открыл первый русский музей.
- что? (было) открыто кем?
  Первый русский музей был открыт Петром Первым.

Задание 9. Прочитайте текст. Объясните, почему русского царя Петра Первого называют Петром Великим. Озаглавьте текст.

……………………………..

Город Санкт-Петербург был основан русским царём Петром Первым. Это был выдающийся государственный деятель, человек большого ума, большой физической силы и высокого роста.

Пётр получил хорошее домашнее образование, знал несколько иностранных языков: немецкий, английский, французский и голландский.

Петру нравилась европейская культура. Когда ему было 25 лет, он поехал в Европу, чтобы продолжить там своё образование. Пётр провёл за границей 15 месяцев. В Германии, Голландии и Англии он изучал кораблестроение, осматривал фабрики, больницы и музеи. В Голландии царь Пётр под чужим именем четыре месяца работал как простой рабочий. Там он учился строить корабли.

Когда Пётр вернулся в Россию, он решил сделать Россию сильным европейским государством. Для этого России были нужны экономические отношения со странами Европы, был нужен выход в Балтийское море. Пётр решил вернуть русские земли на берегах реки Невы и Финского залива, которые захватила Швеция. Война со Швецией началась в 1700-ом году и продолжалась 21 год. В результате этой войны Россия получила выход в Балтийское море. В 1703-ом году на реке Неве, недалеко от Финского залива, началось строительство нового города, который Пётр назвал Санкт-Петербургом. А уже в 1712-ом году Санкт-Петербург стал новой столицей Российского государства. Пётр Первый много сделал для развития экономики, науки и культуры. При Петре Первом в Москве начала выходить первая российская газета, а в Петербурге была создана первая библиотека, открыт первый музей и основана Российская академия наук. Значение деятельности царя Петра Первого очень велико. Вот почему в историю России он вошёл под именем Пётр Великий.

Задание 10. Прочитайте текст ещё раз. Задайте вопросы по тексту.

Задание 11. Сравните ваши вопросы с нашими.

1. Каким человеком был русский царь Пётр Первый?
2. Какие языки знал Пётр Первый?
3. Почему Пётр Первый решил поехать в Европу?
4. Сколько времени Пётр Первый провёл за границей?
5. В каких странах побывал Петр Первый?
6. Чем Пётр Первый занимался за границей? (Что Пётр Первый делал за границей?)
7. О чём мечтал Петр Первый, когда вернулся в Россию?
8. Почему началась война против Швеции? (война со Швецией)?
9. Как долго продолжалась война со Швецией?

Задание 12. Кратко передайте содержание текста. Вам помогут вопросы (см.задание 11)

Самостоятельная работа.

1. Прочитайте ситуации, напишите свои диалоги по ситуациям:

- Ваш друг хочет поехать в Петербург. Посоветуйте ему, когда надо туда поехать, куда надо пойти, что посмотреть и почему?

- Вы в Петербурге около памятника Петру 1. Узнайте, что это за памятник. Как он называется? Почему в городе поставили такой памятник?

- У вас есть русский друг. Узнайте у него, почему русские по-разному называют этот город.

2. Прочитайте со словарем дополнительную информацию о Петербурге. Напишите, что вам было особенно интересно узнать из того, что вы прочитали.

В настоящее время Петербург — второй по значению город после столицы, но с 1712 по 1918 год именно здесь была столица Российской империи. Петр I задумал и реализовал идею создания нового города на берегу Финского залива. Когда царь планировал Петербург, он ориентировался на такие европейские города, как Амстердам или Стокгольм. Но русская жизнь, русские традиции, культура, религия, климат, природа вносили свои изменения, поэтому, несмотря на то, что в Петербурге работали разнообразные специалисты из Европы, он остался русским городом. Архитектура Петербурга уникальна, в 1990 году исторический центр Санкт-Петербурга и дворцово-парковые ансамбли пригородов включены в Список объектов Всемирного наследия ЮНЕСКО в России.

Петербург не случайно называют культурной столицей России: сегодня здесь более 200 музеев, 70 театров, множество библиотек, выставочных центров и галерей, здесь проходят различные фестивали и праздники. Вся жизнь 19 века — «золотого века русской культуры» — прошла в этом городе. Самые знаменитые писатели, поэты, деятели науки и искусства, философы и политические деятели — все они жили в Петербурге. Петербург часто называют «город на Неве». Огромная, широкая, живая Нева течет через весь город. Кроме Невы в Петербурге больше 100 речек и ручьев, больше 20 каналов. Мосты Петербурга — еще одна достопримечательность города. Особенно впечатляет развод мостов на Неве во время летней навигации.

3.
Золотое кольцо России
러시아의 황금고리

Задание 1. Прочитайте небольшой текст. Назовите города, которые образуют «Золотое кольцо» России.

«Золотое кольцо» — один из популярнейших маршрутов для тех, кто путешествует по России. Неповторим облик входящих в него русских городов — Загорска, Ростова Великого, Ярославля, Суздаля, Владимира и др.
Старинная архитектура раскрывает историю Русского государства. В каждом из городов «Золотого кольца» есть своя загадка, свои многовековые тайны, своя красота.

Задание 2. Найдите на карте России города Загорск, Ростов Великий, Суздаль, Владимир. Скажите, как вы думаете, почему один из самых популярных маршрутов по России называется «Золотое кольцо».

Задание 3. Чтобы понять текст, который вы будете читать, познакомьтесь с лексикой:

башня : 탑, 망루;
великолепие : 웅장, 화려, 호화;
волнение : 파동, 물결치는 것;
испытать, почувствовать : 시험하다, 느끼다;
истинный : 진리의, 진실의, 사실의;
колокол : 종, 교회종;
крепость : 성채, 성벽;
летопись : 역사 연대기;

палата: 의회, 궁전;
случайность: 우연성, 불의의 사건.

Задание 4. Прочитайте родственные слова, догадайтесь об их значении.

Звонить, звон(-ы), перезвон, звонница, ростовская звонница, колокол, колокольня, колокольный, построить, построенный = который построили, сто лет = столетие.

Задание 5. Обратите внимание на речевые модели и предложения, построенные по этим моделям:

- кто? берет (брал с собой) кого? куда?
  Родители брали меня с собой в путешествие.
- что? представляет собой что? = что? — это что?
  Кремль представляет собой крепостную стену с башнями и церквями.
  Кремль — это крепостная стена с башнями и церквями.

Задание 6. Прочитайте текст со словарем. Постарайтесь его понять. Дайте ему свое название.

Я с детских лет люблю путешествовать. Родители часто брали меня с собой в поездки на Урал, в Крым, на Кавказ. Я и сам, когда стал взрослым, объездил весь Дальний Восток и Север. А вот недавно у меня появилось желание проехать по старинным русским городам «Золотого кольца». «Ведь это же живая история России», — подумал я. Сказано — сделано! И я поехал. Свое путешествие я решил начать с Ростова.

Почти повсюду по «Золотому кольцу» город от города — 60~70 километров. Это не случайность... Города и крепости в старину ставили на таком расстоянии.

Когда я подъезжал к Ростову, то испытывал какое-то вол-

нение. Меня ждала встреча с городом, который много веков носил громкое имя Великий.

Ростов Великий... Есть в России еще один город Ростов. И полное его название Ростов–на–Дону. Этот огромный южный город—дитя в сравнении с незаметным, маленьким Ростовом северным. Москва была деревенькой, когда Ростов назывался Ростовом Великим. Город имел в свое время такую же славу, как Киев и Новгород.

Я приехал в Ростов ранним утром. Приветливо встретил меня этот тихий старинный город, построенный на берегу озера Неро одиннадцать с лишним столетий назад. Первый раз Ростов упоминается в летописях в 862 году. Город расположен в 53 километрах от Ярославля и 202 километрах от Москвы.

Первое, что я хотел посмотреть в Ростове—это Ростовский Кремль. Он представляет собой крепостную стену из белого камня с башнями, церквями, и палатами. Понравились мне башни, стены, ворота, купола. И вспомнил я тогда все, что слышал в сказках и былинах о древних русских городах.

Если первым чудом Ростова Великого называют Кремль, то вторым, беспорно, будут ростовские звоны. Я подошел к Успенскому собору и увидел пятнадцать колоколов звонницы этого собора.

Колокола России... С древних времен на Руси они сопровождали весь жизненный путь человека. Колокольный звон объединял людей на праздниках и перед лицом врага, указывал в непогоду дорогу заблудившемуся путнику. Часобитный колокол отсчитывал время. Велика была сила колокола!

Уезжал я из Ростова поздним вечером. Слышно было, как на берегу озера Неро бьют на башне часы. Бом! Бом! –раздается голос времени. Одиннадцать веков...

И стоит сегодня древний Ростов Великий, удивительный, неповторимый город.

Я обязательно приеду сюда еще и еще. Потому что невозможно в один приезд понять всю красоту этого города.

(По В.Пескову)

Задание 7. Найдите в тексте ответ на вопросы:

1. Как вы думаете, почему автор решил поехать по городам «Золотого кольца»?
2. С какого города он начал свое путешествие?
3. Где находится этот город?
4. Есть ли еще в России город, который называется Ростов?
5. Сколько лет Ростову Великому?
6. Какие достопримечательности есть в городе?
7. Что представляет собой Ростовский Кремль?
8 Что вы можете сказать о роли колокола в России?
9. Как вы думаете, почему автор хочет приехать в Ростов еще раз?
10. Как вы поняли слова автора «сказано—сделано»?

Задание 8. Разделите текст на части. Озаглавьте каждую часть.

Задание 9. Расскажите кратко, что вы узнали о Ростове Великом.

(Где он расположен? Когда он был основан? Какие достопримечательности есть в городе?)

Задание10. Найдите в тексте предложения с глаголами движения. Образуйте форму инфинитива, выделите приставку. Объясните значение глаголов. Напишите модели предложений с этими глаголами. Придумайте и напишите свои предложения по этим моделям.

Самостоятельная работа:

1. Есть ли в вашей стране такое место, куда бы вам хотелось приехать еще и еще? Подготовьте рассказ о своем путешествии.
2. Прочитайте дополнительные тексты о городах «Золотого кольца», подготовьте сообщение об одном из этих городов.

Сергиев Посад

Сергиев Посад находится в 70 км от Москвы. Первоначально на месте этого городка была церковь, затем монастырь. Монастырь основал монах Сергий Радонежский в 14 веке. На территории монастыря сохранились церкви, храмы, колокольни, дворцы разных периодов русской истории с 15 по 19 век. Специально для главного собора монастыря — Троицкого — великий живописец Андрей Рублев написал самую знаменитую русскую икону «Святая Троица.

Сергий Радонежский был сначала монахом, а потом всего лишь настоятелем монастыря, но влияние и авторитет его среди русских людей был огромен. Отовсюду приходили к нему за помощью, советом, благословением — и оставались жить рядом: так появилось поселение, а потом и город Сергиев, который сегодня носит имя Сергиев Посад.

Сегодня Сергиев Посад — обычный районный центр в Московской области, можно даже сказать, тихая провинция. Но были в истории города славные времена, когда события, происходившие там, имели решающее влияние на дальнейшую судьбу России.

Коломна

Коломна — небольшой город Московской области, которому около 900 лет. В 14-15 веках по значению это был второй город после Москвы. В первой половине 16 века для обороны южных границ государства был построен Коломенский Кремль. В Кремле сохранились монастыри и церкви с 16 века. Соборы, колокольни, храмы Коломны представляют самые разные архитектурные стили: русское храмовое шатровое зодчество, русское барокко, русское готическое искусство, классический стиль. С холма, на котором стоит Кремль в Коломне, можно полюбоваться замечательным видом на три реки: Москву-реку, Коломенку и Оку.

Суздаль

Суздаль — один из древнейших городков России, расположен в 240 км от Москвы. Он чудом уцелел за время своего существования, поэтому сегодня мы можем представить себе, как выглядели старые русские провинциальный города в 18-19 веках: множество старинных церквей, монастырей, небольшие одноэтажные домики, разбросанные тут и там, огороды. А ведь в 12 веке он недолгое время был столицей большого Владимиро–Суздальского княжества. Сегодня Суздаль — туристический центр с прекрасной инфраструктурой, где можно хорошо отдохнуть, узнать много интересного и нового о русской культуре.

Владимир

Владимир находится на реке Клязьма, это совсем рядом с Суздалем, их разделяет всего 40 км. История этих городов тесно переплетена. Владимир был основан в 1108 году князем Владимир Мономахом, поэтому город и носит название Владимир. Вместе с основанием Владимира сюда фактически переехала из Киева и столица древнерусского государства. До захвата города монголо-татарами в начале 13 века Владимир играл важную политическую и экономическую роль. Здесь сложились свои владимиро-суздальские школы: иконописи, архитектуры, летописания. Многие белокаменные соборы Владимира, в том числе Успенский и Дмитровский соборы 12 века, входят в число всемирных объектов наследия ЮНЕСКО.

Ярославль

Ярославль — старинный русский город, который около 1000 лет назад основали на месте слияния Волги и маленькой речки Которосли. Ярославль был основан русским князем Ярославом Мудрым, в честь князя город носит имя Ярославль. В Ярославле много построек в классическом стиле 18-19 века, много церквей и монастырей 17 века. Исторический центр города является одним из объектов всемирного наследия ЮНЕСКО. Ярославль — родина первого русского драматического театра, создателем которого был в конце 18 века русский актер Фёдор Волков.

4.
Сибирь
시베리아

Задание 1. Вы будете читать тексты о Сибири. Чтобы их понять, познакомьтесь с новыми словами и словосочетаниями:

античный мир: 고대세계;
аграрная провинция: 농촌;
заработки: 임금;
импульс: 충동, 자극, 충격;
каторга: 징역, 강제노동;
мрак: 암흑, 어둠;
неведомая земля: 미지의 땅;
неизведанная территория: 미지의 영토;
переселить: 이주시키다;
поселение: 이주;
присоединить: 합병하다, 병합하다;
сибиряк(-и): 시베리아인;
ссылка: 추방, 유형.

Задание 2. Прочитайте несколько текстов о Сибири. После прочтения каждого текста, сформулируте и напишите вопросы по содержанию.

Немного истории

Сибирь — огромная территория от Уральских гор до Тихого океана — была известна еще в античном мире. Край света, страна холода и мрака — так называл древний мир неведомую землю. Интересовались Сибирью и русские люди. В древних русских летописях тоже упоминается о Сибири и о народе, проживающем там.

Поселения в Сибири появились около 25 тысяч лет назад. Происхождение слова «сибирь» и его смысл являются загадкой. Одни ученые говорят, что слово «сибер» в переводе с монгольского языка означает—чистый, прекрасный. Другие находят корень в татарском языке—«бир», первый. В письменных источниках по этнографии Сибири термин «сибирь» связывают с названием этнической группы предков древних угров, проживавших на территории Сибири с конца 1 тысячилетия до н.э. Есть ученые, которые считают , что слово «сибирь» произошло от русского слова «север».

Походы в Сибирь из Московского государства начались в 15 веке. А в конце 16 века отряды казаков Ермака покорили Сибирское ханство Кучума, присоединили его земли по берегам Иртыша к Русскому государству и назвали их Сибирью. А затем, продвигаясь на север и восток, назвали так всю неизведанную европейцами территорию.

В Россиийской империи Сибирь была аграрной провинцией и местом ссылки и каторги. В конце 19 века—начале 20 века была построена Транссибирская магистраль, которая дала значительный импульс хозяйственному развитию Сибири и позволила переселить сюда более 3 миллионов человек. В советское время Сибирь становится источником полезных ископаемых и гидроэнергии.

Территория Сибири

Сибирь—территория, занимающая большую часть Северной Азии, простирается от Урала на западе до Тихого океана на востоке и от берегов Северного Ледовитого океана на севере до границ с Центральной Азией на юге. Площадь Сибири около 10 миллионов квадратных километров. На территории Сибири расположены несколько республик, краев и областей. Это Республика Алтай, Республика Хакасия, Республика Бурятия, Республика Тыва, Алтайский край, Красноярский край, Новосибирская, Иркутская, Омская, Томская, Кемеровская области.

Климат

Сибирь расположена в умеренном и субарктическом поясах. Климат — резко континентальный, суровый. Средняя температура января от —16 градусов Цельсия на юге до —48 градусов Цельсия в Якутии, с абсолютным минимумом —72 градуса Цельсия.

Природные ресурсы

Большую часть территории Сибири занимает тайга. В Сибири протекают многоводные реки Енисей, Ангара, Обь, Иртыш, Лена и др. Но Сибирь богата не только лесом и запасами чистой воды. Здесь крупные месторождения нефти и газа, каменного и бурого угля, железных и полиметаллических руд, золота, алмазов, асбеста, графита и др.

Население

По последним данным в Сибири проживает 19,56 миллионов человек. Большинство из них русские. Живут здесь и коренные жители Сибири — алтайцы, тувинцы, буряты, хакасы и еще около тридцати малочисленных народов Севера. В настоящее время в Сибири много мигрантов из Средней Азии и Кавказа. Сюда на заработки приезжают таджики, узбеки, азербайджанцы и представители других национальностей. Надо отметить, что в Сибири редки межнациональные конфликты. Здесь, в отличии от других регионов России, нет скинхедов.

Сибиряки

Сибиряки — это те, кто родился в Сибири. Так часто называют себя и люди, которые долгое время живут в этом регионе. Когда говорят о Сибири, о сибиряках, то почти всегда говорят о сибирском характере. Какие они, сибиряки? Конечно, разные. Но уже сложился такой стереотип: сибиряки — это смелые, отважные, не боящиеся трудностей, крепкие физически, сердечные, добрые, гостеприимные, открытые люди. Сибиряку можно верить, он всегда поможет в трудную минуту, это надежный друг и товарищ. Приезжайте в Сибирь и сами убедитесь в этом!

Задание 3. Прочитайте еще раз первый текст о Сибири. Напишите ключевые слова этого текста. Расскажите кратко, что вы узнали об истории Сибири.

Задание 4. Расскажите, что вы узнали о территории, климате, населении Сибири. Вам помогут вопросы, которые вы сформулировали и написали.

Задание 5. Скажите, что вы узнали из текста о сибиряках? Как вы думаете, почему друзьям и близким русские желают сибирского здоровья?

Самостоятельная работа:

1. Найдите в интернете инфомацию о двух сибирских крупных городах Новосибирске и Иркутске. Напишите, центрами каких сибирских регионов они являются.
2. Напишите диалог по ситуации:
   Вы путешествуете по России зимой, едете в поезде. Там вы познакомились с сибиряком из Иркутска. Расспросите его о погоде в Сибири и о его родном городе.
3. Прочитайте тексты о природных ресурсах, об экономике, промышленности Восточно-Сибирского региона, о геополитической и демографической ситуациях в Сибири. Выделите главную информацию в этих текстах. Ответьте на вопросы после текстов.

Текст 1

Народы России в современной геополитике 현대 지정학 속의 시베리아인들

키워드

지정학 : геополитика
전초지: форпост
위구르-핀종족 : угро-финн
몽골 : монголия
미국화 : американизация
유라시아 : Евразия

Сибирский макрорегион (Западная, Восточная Сибирь, Дальний Восток) занимает особое положение в России. Это главный её форпост на востоке, "мост" между Европой, Азией и Америкой. Это основная часть, на которой сосредоточены ее основные энергетические и сырьевые ресурсы, но проживает лишь пятая часть населения страны. В основном—русские, но в этнокультурном отношении Сибирь—синтез многих цивилизаций: славянской, тюрской, угро-финской, монгольской, арктической (народы Севера), китайской и др.

Экономические и культурные связи между народами Сибири в советский период осуществлялись в рамках единого народнохозяйственного комплекса страны и были достаточно интенсивны, хотя и ограничены преимущественно сырьевой направленностью экономики Сибири.

После разрушения СССР Россия оказалась в новой геополитической ситуации, характерной чертой которой является неопределённость. Трудно сказать, кто её союзники и противники. Она потеряла традиционные рынки сбыта своей продукции, а вместе с ними экономические, культурные, политические связи с народами этих стран. Проведённые в России реформы сделали её более открытой для товаров со всего мира, но в тоже время вдвое уменьшили её экономический потенциал, в несколько раз—уровень жизни населения, в результате чего ослабли экономические, политические, социальные и культурные связи между народами. В духовной жизни россиян экспансия США, претендующих на роль мирового лидера превысила, вследствие политики руководства страны и средств массовой информации, все допустимые пределы и ведёт, с одной стороны, к американизации сознания и образа жизни населения, а с другой стороны,—к резкому росту антиамериканизма, конфликту российской и американской цивилизаций.

При всех тенденциях развития геополитической ситуации в мире макрорегион Сибирь будет играть одну из важнейших, если не самую важную роль. Более того, геополитическое положение и сырьевые ресурсы Сибири способны повлиять на доминирование тех или иных тенденций общемирового развития. Это может повлечь за собой столкновение стран и регионов в борьбе за ресурсы или сотрудничество на основе тенденции устойчивого развития: монополярности, ролицентризма или биополярности мира в XXI веке. Эта мысль разделяется большинством исследователей, но почти все они абстрагируются от этнического фактора, что, на наш взгляд, не только не достаточно для выработки геополитической стратегии, но и ошибочно.

Плодотворна для учёта этнического фактора в геополитике концепция евразийства. Суть её в том, что российская цивилизация есть “мост” между Востоком и Западом, синтез цивилизаций.

России для восстановления своего статуса мировой державы важно ориентироваться на те мировые “локомотивы”, которые вытащили бы её из кризиса, сохранив её независимость. К таким “локомативам” относятся в большей мере страны АТР (Азиатско- Тихоокеанского региона).

Достаточно обосновано оптимистическое утверждение академика В.А.Коптюга о том, что “на громадных евроазиатских пространствах с их уникальными природными, материальными, людскими и духовными ресурсами создаются исключительные возможности эффективно использовать накопленный интеллектуальный и технологический потенциал Европы, Америки и Азии. В силу своего географического положения, созданных предпосылок и потребностей мирового развития Россия—Евразия неизбежно будет выдвигаться в центр мировой хозяйственной и духовной жизни".

Ответьте на вопросы (다음 물음에 답하시오):

1. 시베리아의 주요 인종은 어떠한가?

2. 소련의 해체 후 이 지역의 지정학적 특징은 무엇인가?

3. 유라시아주의의 핵심은 무엇인가?

Текст 2

Демографическая обстановка 인구 동태

키워드

이민증가 : миграционный прирост
임금 : заработная плата
장기적 경향 : долговременная тенденция
자연증가 : естественный прирост
원자재생산 : материальное производство
비생산부문 : непроизводственная сфера

С начала 90-х годов прекратилась долговременная тенденция советского периода—постоянное и быстрое увеличение доли населения региона в общей численности населения страны. С 1990 года по 1998 г. доля Сибири оставалась на одном уровне. С 1993 года непрерывно сокращается население Восточной Сибири. Общесибирские показатели естественного прироста населения выглядят значительно лучше средних по стране. Но миграционный прирост стал отрицательным, что особенно заметно проявилось на динамике населения Восточной Сибири. Главная причина—Сибирь перестала быть регионом многочисленных крупных новостроек, привлекавших в прошлом людей, желавших иметь высокую заработную плату.

В целом возрастная структура населения Сибири продолжает оставаться способствующей сохранению лучших, чем по России в целом, показателей естественного прироста.

Но как и по всей стране, в Сибири идёт достаточно быстрое старение населения.

Общие тенденции распределения занятых по отраслям экономики в Сибири мало отличается от общероссийских. Наибольшими темпами увеличивалось число занятых в финансовой сфере, затем в управлении. Незначительно увеличилось число работающих в отраслях непроизводственной сферы. Более всего сократилась занятость в материальном производстве, прежде всего в промышленности.

Ответьте на вопросы (다음 물음에 답하시오):

1. 90년대 시베리아의 이민증가 현황은 어떠한가?

2. 비생산직 부문의 인력현황은?

5.
Иркутск — город на Ангаре
앙가라 강의 도시 이르꾸츠크

Задание 1. Чтобы понять текст, который вы будете читать, познакомьтесь с новыми словами и словосочетаниями:

привлекательный: 마음을 끄는, 매력적인;
торговый путь: 무역로;
маршрутное такси: 일정구간 택시;
справочная телефонная служба: 전화안내소;
гвоздь: (철이나 나무로 된) 못;
декабрист (-ы): 12월 당원;
краеведческий музей: 지지학 박물관;
деревянное зодчество: 목재건축술;
высшее учебное заведение: 고등 교육 기관.

Задание 2. Прочитайте текст. Постарайтесь его понять. Найдите в нем полезную информацию для тех людей, которые поедут в Иркутск.

Иркутск — исторический и культурный центр Восточной Сибири, которому недавно исполнилось 350 лет. Он удобно расположен на середине пути между Москвой и Владивостоком, недалеко от Байкала, что делает его очень привлекательным для туристов. В Иркутске живет около 600 (шестисот) тысяч человек.

Иркутск — один из старейших городов Сибири. Он был основан в 1661 году. Здесь проходили важнейшие торговые пути Восточной Сибири — в Монголию, Китай, в Якутию, а потом и в Москву.

Каждый год в Иркутск приезжают тысячи туристов из разных стран мира и из других регионов России, чтобы познакомиться с архитектурными памятниками, музеями, побывать на Байкале . Город имеет давние связи с Китаем, Монголией, Японией и Кореей.

Туристы приезжают железнодорожным, автомобильным или воздушным транспортом. Регулярные международные авиарейсы выполняются в Японию, Монголию, Китай, Корею и в другие азиатские страны.

Из иркутского аэропорта до центра города недалеко — 9 километров. В центр или в другой район города можно доехать на автобусе, троллейбусе, маршрутном такси или на обычном такси. Цена проезда на городском транспорте или на маршрутном такси — 12 рублей. Такси можно заказать по телефону. Номера телефонов службы такси можно узнать, позвонив в справочную телефонную службу по номеру 009 . Максимальная стоимость проезда на такси по городу 200~250 рублей. В центральной части города находятся гостиницы «Интурист», «Ангара», «Русь». Перед посещением города заказать номер в гостинице лучше заранее. Номера в гостиницах стоят от 1000~1500 рублей за сутки.

Приезжать в Иркутск лучше в теплое время года: ранней осенью, поздней весной или летом. Зима в Иркутске холодная и снежная. Самый холодный месяц — январь. А летом тепло и даже жарко. Лето начинается в конце мая и продолжается 90-100 дней. Средняя летняя темпераутра +20 градусов по Цельсию.

В городе много достопримечательностей. На его улицах

сохранились старинные деревянные дома, построенные без единого гвоздя. Открыты для посещения храмы (архитектурные памятники 18-19 веков), такие как Крестовоздвиженский, Преображенский и Казанский. Вы можете посетить Знаменский монастырь, Польский костел и др. С жизнью декабристов в Сибири можно познакомиться, посетив выставку «Декабристы в Иркутске».

В Иркутске много музеев. Среди них Художественный музей, расположеный на улице Ленина. Краеведческий музей находится на улице Карла Маркса. А по дороге из Иркутска на Байкал можно остановиться и посетить музей деревянного зодчества «Тальцы».

Если вы любите театр, то у вас будет большой выбор. В Иркутске есть Драматический театр им. Охлопкова, Музыкальный театр им. Загурского, Театр юного зритетеля им. Вампилова, Театр кукол и др.

Любимое место отдыха иркутян и гостей города — бульвар Гагарина. Он расположен на берегу реки Ангары. Всегда многолюдно на центральных улица города — Карла Маркса, Ленина и на улице Урицкого. Здесь особенная иркутская архитектура, много магазинов, ресторанов и кафе. И, конечно, много красивых девушек.

Иркутск — студенческий город. В Иркутске более 10 государственных и частных высших учебных заведений. Здесь учатся 60 тысяч студентов. Первое высшее учебное заведение Восточной Сибири — Иркутский государственный университет. Ему исполнилось недавно 90 лет. В Иркутске есть технический, педагогический, лингвистический, медицинский университеты, Байкальский университет экономики и права, Иркутский государственный университет путей сообщения и другие. Во всех иркутских университетах учатся иностранные граждане из разных стран мира. Они изучают русский язык, а также продолжают обучение по разным специальностям. Одним из первых университетов в Сибири, где иностранцы начали изучать русский язык, является Иркутский государственный университет. В Международном институте экономики и лингвистики ИГУ ежегодно обучается более 250 иностранных студентов и магистрантов из Китая, Монголии, Кореи, Японии, Германии, США и других стран. У студентов-иностранцев есть возможность не только изучить русский язык и получить специальность, но и попутешествать по Иркутской области, по Байкалу, по России.

Задание 3. Найдите в тексте ответы на вопросы:

1. Где расположен город Иркутск?
2. Когда был основан этот город?
3. Какие достопримечательности есть в Иркутске?
4. Где любят отдыхать иркутяне и гости города?
5. Почему говорят, что Иркутск—это студенческий город?
6. Что вы узнали о Международном институте экономики и лингвистики Иркутского государственного университета?

Самостоятельная работа:

1. Представьте, что вы вернулись из Иркутска, там вы изучали русский язык в ИГУ, а ваш друг только собирается поехать туда. Напишите ему по E-MAIL о городе, посоветуйте, что ему надо взять с собой, где лучше изучать русский язык, куда сходить или съездить, что посмотреть.
2. Напишите о достопримечательностях своего родного города.
3. Прочитайте еще один текст об Иркутске. Выделите новую для вас информацию. Ответьте на вопросы после текста.

Текст 1

Областной центр 주의 중심지

키워드
시베리아횡단철도: Транссибирская магистраль
무역대상: торговые караваны
요새: острог
탐험대: экспедиция землепроходцев
외교관계: дипломатическая связь
운모가공공장: слюдообрабатывающая фабрика

Иркутск — областной центр Иркутской области. Он находится на расстоянии 5042 км от Москвы, расположен у места впадения реки Иркут в Ангару к западу от озера Байкал. Является большим речным портом на Ангаре, а также важным железнодорожным узлом на Транссибирской магистрали. В городе находится крупный аэропорт. Население города около 600 тысяч человек.

Иркутск был основан в 1661 году как острог (укреплённый город, крепость), здесь хранилось оружие, боеприпасы и товары для торговли с местным населением — бурятами Прибайкалья. В 1686 году Иркутский острог получил статус города. В 1698 году из Иркутска были посланы первые русские торговые караваны в Китай. С 18 века Иркутск — центр торговых и дипломатических связей России с северо-восточной и юго-восточной Азией, отсюда отправлялись экспедиции землепроходцев на Лену и далее — на северо-восток. В 19 веке Иркутск — военно-административный центр Восточной Сибири. С 1840-х годов — центр золотодобывающей промышленности. Иркутск в 1879 году сильно пострадал от пожара, заново отстроенный, город стал одним из самых красивых городов Сибири.

Современный Иркутск — крупный экономический, научный и культурный центр Восточной Сибири. Наиболее развиты машиностроение и металлообработка (заводы: тяжёлого машиностроения, станкостроительный, авиационный и др.), пищевая, лёгкая (швейная, обувная, кожевенная) промышленность. Имеется слюдообрабатывающая фабрика, изготовляющая детали для радиоэлектронной промышленности. В городе построена крупная гидроэлектростанция на Ангаре.

В Иркутске более 10 государственных и частных высших учебных заведений, в том числе старейший в Сибири Государственный университет, основанный в 1918 году. Имеются технический, педагогический и лингвистический университеты, экономическая и медицинская академии, сельскохозяйственный и юридический институты, Институт Министерства внутренних дел и Высшее военное авиационно-техническое училище.

В городе находится научный центр Российской Академии наук в составе нескольких крупных исследовательских институтов (Энергетический институт, Институт географии Сибири и Дальнего Востока, Институт геохимии, Институт земной коры, Лимнологический институт и др.). Работают театры: драматический, музыкальный, юного зрителя, кукольный. Имеются филармония, цирк, два крупных музея: краеведческий и художественный. В 19 веке Иркутск и окрестные сёла были местом ссылки декабристов, а ныне создана мемориальная зона с бывшими усадьбами декабристов Трубецкого и Волконского.

Близ Иркутска — архитектурно-этнографический музей народов Приангарья Тальцы (среди его памятников — Спасская башня, 1667, Казанская церковь, 1679, усадебная деревянная застройка 19 века, наскальная живопись 6-3 тысячелетия до нашей эры с каменных островов на Ангаре).

Ответьте на вопросы (다음 물음에 답하시오):

1. 이르꾸츠크 시는 어디에 있는가?

2. 이르꾸츠크 주의 인구는 얼마인가?

3. 이르꾸츠크 주의 관광명소는 무엇이 있는가?

6.
Байкал — жемчужина Сибири
시베리아의 진주 바이칼

Задание 1. Чтобы понять текст, который вы будете читать, познакомьтесь с новыми словами и словосочетаниями:

уникальный: 독특한;
прозрачный: 투명한;
пресная вода: 담수;
колоссальный: 거대한, 대규모적인;
равнодушный: 무관심한, 냉담한;
многообразие: 다종, 다양;
пейзаж: 풍경;
хранилище: 보관소, 저장소;
глубина: 깊이, 심도.

Задание 2. Прочитайте родственные слова, превелите их на родной язык. Приезжать, приезд, приезжий, любить, любовь, любоваться

Задание 3. Прочитайте речевые модели и предложения, построенные по этим моделям:

- где? можно приобрести (купить) что?
  На Байкале можно приобрести сувениры.
- где? можно попробовать что?
  В Листвянке можно попробовать байкальскую рыбу.

Задание 4. Прочитайте текст и озаглавьте его.

Байкал — уникальное озеро, главная достопримечательность Восточной Сибири. В мире не так много мест с таким многообразием красивых пейзажей, с таким чистым воздухом и кристально прозрачной водой, как на Байкале. Это озеро не оставляет равнодушным никого из приезжающих.

Озеро Байкал находится на юге Восточной Сибири, в шестидесяти километрах от Иркутска. Это самое глубокое озеро в мире. Его глубина — более 1620 метров. Местные жители называют это озеро морем. А самая известная песня о Байкале называется «Славное море, священный Байкал». Это клоссальное хранилище чистой пресной воды. Уникален и разнообразен растительный и животный мир Байкала. Здесь 1550 видов животных и 1085 видов растений. Некоторые из них нигде в мире не встречаются. В озере 52 вида рыб. Сибиряки и приезжие самой вкусной байкальской рыбой считают омуль.

Поселок, в котором часто останавливаются туристы, называется Листвянка. Здесь можно не только полюбоваться красотой Байкала, но и приобрести сувениры, попробовать омуль или шашлык.

Давно туристов и путешественников привлекает остров Ольхон. Это самый большой остров на Байкале. Говорят, что, кто хотя бы один раз побывал на Ольхоне, никогда не забудет этот удивительный остров и обязательно приедет туда еще и еще.

Задание 5. Напишите ответ на вопрос: Как вы думаете, в чем уникальность Байкала?

Самостоятельная работа:

1. Используя медиа-ресурсы, подготовьте сообщение о животном и растительном мире Байкала.

2. Найдите в интернете и прочитайте дополнительную информацию о живописных местах на Байкале. Напишите, где бы вы хотели побывать и почему.

Раздел III.

Художественная культура и наука / Тексты и задания

제Ⅲ부 예술문화와 학문/텍스트와 과제

Задание 1. Чтобы лучше понять содержание текста, который вам предстоит прочитать, выполните следующие задания:

а) постарайтесь понять значение новых слов и словосочетаний, используя следующие объяснения:
публицистика — литература по актуальным общественно-политическим вопросам современности;
публицист — писатель — автор публицистических произведений;
колоссальный — очень большой;
многоразовый — (много/раз) — используется много раз;
аттракцион — устройство для развлечения в местах отдыха (напр. качели, карусель);
демонстрировать — показать, обнаруживать;

б) прочитайте перевод слов на корейский язык,напишите эти слова:
исчезать — исчезнуть — 사라져 없어지다, 보이지 않게되다;
цензура — (출판물 등의) 검열;
публиковать –발표하다;
беспрепятственно — 방해가 없이;
космос, космическое пространство — 우주, 우주공간;
репертуар — 공연목록;
современник — 동시대인;
возрождение — 부흥, 부활.

Задание 2. Прочитайте текст. Постарайтесь его понять.

1. Художественная культура и наука

예술문화와 학문

После распада Советского государства в начале 90-х годов жизнь российской культуры и науки сильно изменилась. Исчезли цензура и государственный контроль. Теперь каждый учёный может беспрепятственно публиковать результаты своих работ и высказывать любые мнения. Открылись границы страны, и специалисты получили возможность свободно общаться с зарубежными коллегами.

Вместе с тем переход экономики на рыночные отношения сильно ограничил возможности государства по финансированию сферы культуры, науки и образования. Из-за недостатка средств были остановлены или сокращены крупнейшие научные программы, десятилетиями являвшиеся гордостью страны. Сокращение финансирования (с 1992 года в 20 раз) привело к тому, что из вузов ушел каждый десятый, из академической науки—каждый четвертый ученый. Примерно 50 тыс. учёных уехали за рубеж. Подобная «утечка мозгов» происходила в России лишь после революции 1917 года.

Тем не менее потенциал у науки есть. В июле 2001 года Россия стала третьей в мире страной (после США и Японии), разработавшей суперкомпьютер, выполняющий 1 триллион операций в секунду. Это открывает перспективы для разработки новейших информационных технологий и средств коммуникаций. В 2001 году Нобелевскую премию в области физики получил русский ученый Ж.И.Алферов, а в 2003 году—В. Гинзбург.

Несмотря на все сложности и проблемы, отечественная наука и культура не умерла.В России открылисьновыемузеи. Сейчас их в стране больше 2000. Государственных библиотек—около 150 000. В последние годы удвоилось количество театров. Сейчас их насчитывается около семисот.

В финансировании культуры принимают участие специально создаваемые благотворительные фонды, предприниматели. Например, московский музей-заповедник «Царицыно» восстановлен усилиями художника И. Глазунова. На деньги спонсоров проводятся кино- и телефестивали, конкурсы, выставки. В стране в больших количествах издаются газеты и журналы разных политических направлений, на телевидении появились новые публицистические передачи. Лидером в распространении культурной информации является телеканал «Культура».

Изменилась и литературная жизнь страны. В Россию вернулись многие деятели советской культуры, которые покинули Родину в 70-е годы. Продолжает развиваться современное российское изобразительное искусство. Оно представлено самыми различными творческими направлениями. Большое внимание привлекает творчество художников И.С. Глазунова, А.М. Шилова, Н. Сафронова. Широко известны памятники скульптора В. Клыкова (памятник маршалу Жукову на Манежной площади Москвы), З. Церетели (архитектурный ансамбль на Поклонной горе), А.Н. Бурганова (фонтан «Принцесса Турандот» у театра Е.Вахтангова).

Русский кинематограф пополняется работами таких известных режиссеров, как Н.С. Михалков («Утомлённые солнцем», «Сибирский цирюльник»), П.Е. Тодоровский, («Военно-полевой роман»), Г. Панфилов («Романовы. Венценосная семья») и др.

Театральная жизнь России даже в годы перемен практически не затихала. Отличительной чертой театральной жизни стало значительное разнообразие репертуара. Всё также популярны Московский Художественный театр им. А.П. Чехова, «Современник», театр «Ленком», театр на Таганке. Не теряют своей популярности российская опера и балет (из 45 академических музыкальных театров — 15 приходится на театры оперы и балета). Наряду с всемирно известным Большим и Мариинским театрами, особую известность в последние годы получили московская Геликон опера, Новая опера под руководством Е. Колобова, Камерный театр под руководством Б. Покровского.

Российская культура и наука, несмотря на трудности, демонстрирует миру возрождение национального духа, национальной культуры и традиций.

Задание 3. Ответьте на вопросы:

1. Какие изменения произошли в культуре и науке России за годы реформ?
2. Как кризис 80–90-х годов повлиял на науку?
3. Почему многие российские ученые уехали работать за границу?
4. Как вы понимаете термин «утечка мозгов»?
5. Назовите российских Нобелевских лауреатов в области физики.
6. Каких российских скульпторов и художнков вы можете назвать?
7. Назовите известных российских режиссеров.
8. Какие театры вы знаете?

Задание 4. Закончите следующие предложения:

1. После распада Советского государства в начале 90-х годов жизнь российской культуры и науки...
2. В 2001 году Россия стала третьей в мире страной, ...
3. Всё также популярны Московский Художественный театр им. А.П. Чехова, ...
.....

Задание 5. Кратко передайте основое солержание текста. Используйте назвной план.

Самостоятельная работа:

1. Расскажите, какие театры в Москве или в других русских городах вы посетили. Поделитесь своими впечатлениями от увиденного.
2. Какие российские художественные, мультипликационные или документальные фильмы вы посмотрели? Расскажите о своих впечатлениях?

2.
Слава и гордость России
러시아의 영광과 자존심

Главное достояние любой страны — это ее народ. Россия всегда была богата талантливыми, выдающимися людьми. Это великие полководцы, герои, сражавшиеся за Отечество, ученые, народные умельцы, композиторы, художники, писатели, режиссеры, артисты балета, театра и кино, спортсмены. Имена русских людей, прославивших свою родину, знают на всей планете. Россия дала миру первого космонавта Земли Юрия Гагарина, гениального композитора П.И.Чайковского, величайшего поэта А.С.Пушкина, писателя Ф.М.Достоевского, ученого Д.И.Менделеева и многих других.

Задание 1. Вы будете читать тексты об известных русских людях. Чтобы понять эти тексты, познакомьтесь с новой лексикой:

полководец: 사령관, 장군;
военный деятель: 군 지휘관;
маршал: 원수;
разгромить: (가옥등을) 파괴하다;
парад: 퍼레이드, 열병식;
принимать парад: 열병식을 하다;
носить имя кого: 이름이 나다(칭호, 명칭, 성격 등을);
заложить основы: 기초를 놓다;
геолог: 지질학자;
астроном: 천문학자;
опера: 오페라;
балет: 발레;
симфония: 심포니, 교향악; / **музыкальный конкурс**: 음악경연대회.

Задание 2. Обратите внимание на родственные слова. Догадайтесь о значении этих слов: союз, союзник, союзные войска, командир, командовать, командующий, командование.

Задание 3. Прочитайте фрагменты биографий известных людей. Скажите, кем были эти люди, знали ли вы об этих людях раньше.

Георгий Константинович Жуков — советский полководец, государственный и военный деятель, маршал Советского Союза. Под командованием Г.К.Жукова советские войска разгромили фашистов под Москвой и под Сталинградом. 24 июня 1945 года Г.К.Жуков принимал Парад Победы союзных войск во Второй мировой войне. В парадном марше участвовали солдаты и офицеры СССР, Франции, Великобритании и США.

Ломоносов Михаил Васильевич (1711~1765), первый русский ученый мирового значения, поэт. Он заложил основы современного русского литературного языка, был художником, историком, астрономом, геологом, физиком, химиком, математиком. В 1755 году Ломоносов основал Московский государственный университет (МГУ). Сейчас этот университетет носит его имя.

Периодический закон химических элементов открыл русский ученый Дмитрий Иванович Менделеев. В 1869 году он создал таблицу химических элементов, которой в настоящее время пользуются ученые-химики всего мира. Говорят, что

эту таблицу Д.И.Менделев увидел во сне.

Чайковский Петр Ильич(1840~1893), гениальный русский композитор. Чайковский создал высочайшие образцы опер, балетов, симфоний. Оперы: «Евгений Онегин», «Пиковая дама», балеты: «Лебединое озеро», «Спящая красавица», «Щелкунчик» идут на театральных сценах всего мира. Его музыка звучит в концертных залах Европы, Азии, Америки. С 1958 в Москве один раз в четыре года проводится Международный конкурс имени Чайковского, в котором участвуют самые талантливые музыканты планеты.

Задание 4. Чтобы понять текст, который вы будете читать, прочитайте слова, словосочетания и их перевод на корейский язык:

погибать: погибнуть: 재난으로 죽다;
звание Героя Советского Союза: 소비에트연방 영웅 호칭;
колхоз: 집단농장;
крестьянин, крестьяне: 기독교인, 기독교인들;
война с Германией: 독일과의 전쟁;
техникум, училище: 직업 기술학교, 학교;
аэроклуб: 항공클럽;
гордость: 긍지, 자랑;
гордиться: 자랑하다, 과시하다;
знаменитый: 저명한, 고명한;
знаменитость: 고명, 유명, 저명;
дисциплинированный: 훈련된;
целеустремленный: 명확한 목적을 가진, 목적 지향성의;
смелый: 용감한, 대담한;
ценить дружбу.: 우정을 존중하다.

Задание 5. Прочитайте родственные слова, догадайтесь о значении этих слов:

полет, полететь, облететь, ездить, объездить, космос, космический корабль,
космонавт.

Задание 6. Прочитайте текст о Ю.А.Гагарине. Напишите основные факты его биографии.

3.
Он был первым
그는 최초였다.

Посмотрите на фотографию. Думаю, что вы узнали этого человека. Это первый космонавт Земли, гордость России, герой Советского Союза Юрий Алексеевич Гагарин. Вы видите открытое русское лицо, высокий лоб, прямой нос, голубые глаза, удивительно красивую улыбку.

А это родители Юрия—Анна Тимофеевна и Алексей Иванович Гагарины. Всю свою жизнь они работали в колхозе. Родители первого космонавта были крестьянами.

Юрий Гагарин родился 9 марта 1934 года в деревне Клушино Гжатского района Смоленской области.

В 1941 году Юра начал учиться в школе. Тогда шла война с фашистской Германией. Это было тяжелое время для всей страны. Юра рано начал работать, чтобы помогать семье.

После войны семья переехала в г. Гжатск. Юра поступил в Саратовский индустриальный техникум. Потом работал на заводе и мечтал летать.

Он начал заниматься в аэроклубе. Позже закончил авиаучилище, служил в армии. С октября 1957 года по март 1960 года был морским летчиком. Весной 1960 года его приняли в отряд космонавтов.

В отряде все любили Юрия. Он был сильным и смелым человеком, дисциплинированным и целеустремленным. Очень любил своих родителей, ценил настоящую дружбу.

Юрий Алексеевич был женат. У него было двое детей — Елена и Галина. Сейчас Галина преподает в Московской экономической академии, а Елена работает в музее. Его жена — Валентина Ивановна живет в Звездном городке. Она на пенсии. Валентина Ивановна помогает дочерям воспитывать их детей — Катю и Юру.

12 апреля 1961 года первый человек с планеты Земля, Юрий Алексеевич Гагарин, на космическом корабле «Восток» полетел в космос. Он облетел вокруг Земли. Его полет продолжался 108 минут. Гагарин стал знаменитостью.

После полета в космос Ю.А.Гагарин объехал весь мир. Его торжественно и радостно встречали в Чехословакии, на Кубе, во Франции, в Англии, в США и в других странах.

27 марта 1968 года Гагарин погиб. Он выполнял полет на военном самолете и разбился.

Памятники превому космонавту Земли есть во всех российских городах и в других странах мира. В России есть город Гагарин, улицы и площади его имени, каждый школьник знает, кем был этот человек.

Задание 7. Ответьте на вопросы:

1. Когда вы впервые услышали о Ю.Гагарине?
2. Что вы знали раньше об этом человеке?
3. Когда и где родился Гагарин?

4. Кем были его родители?
5. Где учился Гагарин? О чем он мечтал?
5. Как вы думаете, почему в отряде космонавтов любили Юрия?
6. Что вы можете сказать о внешности первого космонавта?
7. Что вы узнали о его полете в космос?
8. В каких странах он побывал после полета?
9. Как погиб Гагарин?

Задание 8. Смотрите фотографии. Найдите в тексте соответствующую информацию. Прокомментируйте фотографии.

Задание 9. Скажите, на сколько частей можно разделить весь рассказ о Гагарине. Озаглавьте каждую часть.

Самостоятельная работа:

1. Представьте, что вы со своим русским другом гуляли по Москве и увидели очень большой интересный памятник. Вы решили узнать, что это за памятник. Напишите диалог, который может состояться около памятника Юрию Гагарину.
2. Представьте, что вам надо выступить на конференции с докладом о первом космонавте и его полете в космос. Подготовьте сообщение о Гагарине и о первом полете человека в космос, используйте фотографии, факты из биографии космонавта, интернет-ресурсы. Время вашего выступления 6-7 минут.

4. Русские праздники
러시아의 축제

Задание 1. Чтобы понять тексты, которые вы будете читать, познакомьтесь с новой лексикой:

отмечать: отметить что? = праздновать что? (день рождения, праздник): 기념하다;
рождество: 크리스마스;
Иисус Христос: 예수 그리스도;
воскресать: воскреснуть: 부활하다;
украшать: украсить что? (елку, дом, город): 꾸미다, 장식하다;
наряжать: нарядить что?(елку): 치장시키다, 성장시키다;
языческий праздник: 이교도의 축일;
православный праздник: 정교 축일;
крещение: 세례, 명명;
застолье: 연회, 연회참석자;
атеист(-ы): 무신론자;
верующий: 신을 믿는 사람, 신앙인;
собираться: собраться (где?)(за столом): 모이다, 모여 앉다;
красить: покрасить что?(яйца): 색칠하다, 물들이다;
наводить порядок, чистоту: (사람 물건 등을) 정돈하다;
служба в храме: 교회(사원), 예배, 종교활동;
посвящать: посвятить что?чему?кому?: (비밀을) 밝혀주다, 바치다, 몸을 맡기다;
провожать что? кого?: 데리고 가다, 안내하다;
эпоха: 시대, 시기;
демонстрация: (그림, 실험, 실물에 의한) 시현, 전시;
дача: 별장;
кровопролитный: 유혈의;
устраивать что? когда? где?: 설비하다, 만들다;
фашист(ы): 파시스트.

Задание 2. Прочитайте тексты о том, какие праздники отмечают в России, ответьте на вопросы после текстов

Новый год
새해

В России, как и в других странах, очень любят отдыхать и отмечать праздники. Россияне отмечают самые разные праздники — старые, новые, языческие, православные, русские и зарубежные. Не удивляйтесь!

Новый год праздник, с которого начинается год. Этот любимый праздник детей и взрослых. Его начали отмечать в России по указу русского царя Петра Первого с 1 января 1700 года. Перед этим праздником стали украшать и ставить в домах и на улицах ёлки. В ночь с 31 декабря на 1 января в каждом доме накрывается праздничный стол и устраивается застолье. Новый год — зимний праздник, который совпадает с православным Рождеством (7 января). Время от Нового года и Рождества до Крещения (19 января) — самое веселое и интересное зимой. В это время особенно много подарков получают дети. Люди гуляют по праздничным улицам и площадям, ходят в кино, в театр, в гости, едут отдыхать за город и за границу. Не планируйте на начало января серьезных дел — в России отдыхают!

1. Когда в России отмечают Новый год и Рождество?
2. Как вы думаете, почему в России время от Нового года и Рождества до Крещения — самое веселое и интересное время зимой?

Праздники всех мужчин и всех женщин
남성, 여성절

В советское время в стране появились два интересных и популярных праздника: 8 марта и 23 февраля. Праздник 8 марта официально назывался Международным женским днём (он был создан в честь женщин, борющихся за свои права). А 23 февраля в СССР назвали днем рождения армии—Красной Армии.

Но постепенно 8 Марта стало праздником Женщины: матери, сестры, жены, дочери, вообще любимой Женщины. В этот день женщинам дарят цветы и подарки, говорят комплименты дома и на работе. А поскольку в России женщины любят своих мужчин, то они решили,что несправедливо оставить их без такого же праздника. И официальный праздник День защитника Отчества 23 февраля превратился в день мужчин, когда женщины делают подарки своим отцам, мужья, братьям и коллегам.

1. Когда женщины поздравляют мужчин и дарят им подарки?
2. Какой день в России называют Женским днем?

День всех влюбленных
발렌타인데이

Валентинов день14 февраля—день влюбленных пришел в Россию из Америки. Он возник совсем недавно, и вот уже молодежь активно посылает друг другу «валентинки», дарит подарки и поздравления…

1. Откуда в Россию пришел этот праздник?
2. Как вы думаете, что такое «валентинки»?

Пасха
부활절

Пасха — главный православный праздник. Его празднуют весной, в воскресенье в честь того, что на третий день после смерти воскрес Иисус Христос. Перед этим праздником в домах наводят порядок и чистоту, красят яйца, готовят пасхальную еду: куличи. А утром в день Пасхи люди идут на службу в храм. Люди поздравляют друг друга с этим праздником и говорят: «Христос воскресе!» А в ответ слышат: «Во истину воскресе!» И если не все в России верующие, то Пасху — в силу традиции — празднует большинство населения: вся семья с гостями собирается за праздничным столом. Обязательно на столе присутствуют кулич и крашеные яйца.

1. Как называется главный провославный праздник?
2. Когда его празднуют?

Масленица
마슬레니짜

За 40 дней до Пасхи в России отмечают один из самых древних праздников — Масленицу. Масленица — языческий праздник. Этот праздник отмечали еще до принятия христианства на Руси (10 век). В этот день провожа-

ют зиму м встречают весну.

Русская Масленица — веселый и шумный праздник. Люди играют, танцуют, надевают смешную одежду, едят блины. Конечно, Масленица — праздник неофициальный, но этот праздник живой и настоящий.

1. Когда русские празднуют масленицу?
2. Какой это праздник?

1 мая
노동절

1 Мая — радостный весенний праздник, оставшийся от советской эпохи. Раньше это был праздник Международной солидарности трудящихся. По всей стране проводили демонстрации трудящихся. Ушла эпоха — а праздник, который так все любили, остался, изменив название на Праздник весны и труда. В мае наконец-то начинается весна в России, появляются первые листочки на кустах, на небе сияет солнце (если не идет снег, что иногда бывает…). Многие россияне в этот день первый раз после зимы едут на дачи — место, где можно не только отдохнуть, но и поработать. Так что сегодняшнее название праздника 1 Мая — очень правильное!

1. Как сейчас называется праздник 1 мая? Почему?

День Победы
승전기념일

Самый главный в России общенародный праздник — 9 мая, День Победы. В этот день в 1945 году полной победой советских войск закончилась кровопролитная Великая Отечественная война СССР с фашистской Германией. Для страны, которая потеряла в войне более 27 млн человек, это была нелегкая победа—тем радостней стал День Победы. На Красной площади в Москве (и в других больших городах) устраивают торжественные и красивые военные парады. Праздничный парад начинается в 10 часов утра, а вечером во всех городах—праздничный салют.

1. Какой праздник в России самый главный? Почему?

5.
Приходите в гости!
손님으로 오세요 !

Задание 1. Чтобы понять текст, который вы будете читать, прочитайте слова ,словосочетания и их перевод на корейский язык:

гость (-и): 손님;
пойти, прийти куда? в гости 초대받아, 손님으로 가다;
хозяин, хозяйка, хозяева: 주인 (남, 여, 복수);
приглашать: пригласить кого? куда?: 초대하다; 누구를? 어디로?
накрывать: накрыть стол: 식탁위에 덮다;
стараться: постараться что (с)делать?: 힘쓰다, 노력하다;
кормить: накормить кого?: 먹여주다, 양육하다;
хвалить: похвалить кого? за что?: 칭찬하다, 찬미하다;
чувствовать радость –기쁨을 느끼다;
тост за что? за кого? 축배, 건배;
произносить: произнести тост: 발음하다, 소리를 내어 축배를 제의하다;
благополучие: 무사, 안녕;
чокаться: 술잔을 마주치다.

Задание2. Прочитайте текст. Постарайтесь его понять. Ответьте на вопросы после текста.

В России любят встречаться дома—знакомые, друзья и родственники с удовольствием ходят друг к другу в гости. В России традиция встречаться дома старая: дома уютно и тепло, хозяйка может приготовить вкусные блюда и.т.д. В гости приглашают по праздникам (на Новый год, на Рождество, на Масленицу, на Пасху, 1 мая, 9 мая), на день рождения или просто, чтобы пообщаться. Приятно провести время для русских—это, прежде всего, поговорить за столом. В России к традиции вкусно и хорошо накормить

гостей всегда относились очень серьезно. Накрыть стол для гостей — это знак гостеприимства, дружбы, радости. Хозяйка старается приготовить как можно больше вкусных и разнообразных блюд. На стол ставят самые хорошие вина и водку, чтобы показать, что для дорогих гостей ничего не жалко! Русская женщина готовит угощенье, накрывает на стол, убирает и моет после гостей посуду. Вы спросите, какое же ей удовольствие принимать гостей? Ведь она так устает после всего! Конечно, очень устает, но, во-первых, по русской традиции женщина и должна все делать в доме, это нормально. Во-вторых, гости её хвалят за красоту, за хороший дом, вкусную еду, говорят все время комплименты — и она чувствует радость и гордость за себя и свою семью.

Обычно гости приходят вечером, но не очень поздно — в 6-7 часов и приносят небольшой подарок: торт, коробку конфет, цветы, или бутылку вина. Все сразу садятся за стол. Стол — самое главное место, когда в доме гости. За столом гости и хозяева произносят тосты за здоровье, за благополучие, за счастье, за друзей, за любовь и др. После тоста все чокаются и пьют вместе.

1. Когда русские приглашают в гости?
2. Почему хозяйка готовит разнообразные блюда и накрывает большой стол?
3. Что с собой приносят русские, когда идут в гости?
4. Какие тосты произносятся за столом?

Самостоятельная работа:

1. Скажите, какие праздники есть в вашей стране? Какой праздник считается в Корее самым главным? Напишите небольшой рассказ об этом празднике.
2. Подготовьте рассказ о том, как корейцы встречают гостей дома.

“

6. Народная мудрость

민중의 지혜

”

–민중을 위한 지혜와 해학–크르일로프의 생애와 우화, 그리고 러시아 속담

-ЛИСИЦА И ВИНОГРАД

Голодная кума Лиса залезла в сад,
В нем винограду кисти рделись.
У кумушки глаза и зубы разгорелись;
А кисти сочные как яхонты горят;
Лишь то беда, висят они высоко:
Отколь и как она к ним ни зайдет,
Хоть видит око,
Да зуб неймет.
Пробившись попусту час целой,
Пошла и говорит с досадою: “Ну, что ж!
На взгляд-то он хорош,
Да зелен - ягодки нет зрелой:
Тотчас оскомину набьешь”.
И.А.Крылов

И. А. Крылов

Родился 2 февраля 1768 г., по преданию—в Москве. Учился Крылов мало, но читал довольно много. По словам современника, он “посещал с особенным удовольствием народные сборища, торговые площади, качели и кулачные бои, где толкался между пестрою толпой, прислушиваясь с жадностью к речам простолюдинов”. В конце 1782 г. Крылов поехал в Петербург с матерью, которой удалось определить его на службу в петербургскую казенную палату. В это время большой славой пользовался “Мельник” Аблесимова, под влиянием которого Крылов написал, в 1784 г., оперу “Кофейница”; сюжет ее он взял из “Живописца” Новикова, но значительно изменил его и закончил счастливой развязкой.

В 1805 г. Крылов был в Москве и показал И.И. Дмитриеву свой перевод двух басен Лафонтена: “Дуб и Трость” и “Разборчивая невеста”. По словам Лобанова, Дмитриев, прочитав их, сказал Крылову: “это истинный ваш род; наконец, вы нашли его”. Крылов всегда любил Лафонтена (которого называл Фонтеном) и, по преданию, уже в ранней юности испытывал свои силы в переводе басен, а позднее, может быть, и в переделке их; басни и “пословицы” были в то время в моде. Прекрасный знаток простого языка, всегда любивший облекать свою мысль в пластическую форму аполога, сильно наклонный к насмешке и скептицизму, Крылов, действительно, был создан для басни, но все же не сразу остановился на этой форме творчества. В 1806 г. он напечатал только 3 басни; в 1807 г. появляются три его пьесы, из которых две, соответствующие сатирическому направлению таланта Крылова, имели большой успех и на сцене: “Модная лавка” и “Урок дочкам” (сюжет последней свободно заимствован из “Precieuses ridicules” Мольера). Объект сатиры в обеих пьесах один и тот же, в 1807 г. вполне современный — страсть нашего общества ко всему французскому; в первой комедии французомания связана с распутством, во второй доведена до геркулесовых столпов глупости. По живости и силе диалога обе комедии представляют значительный шаг вперед, но характеров нет по-прежнему. Третья пьеса Крылова: “Илья Богатырь, волшебная опера” написана по заказу А.Л. Нарышкина, директора театров (поставлена в первый раз в 1806 г.); несмотря на массу чепухи, свойственной феериям, она представляет несколько сильных сатирических черт и любопытна как дань романтизму, принесенная таким крайне неромантическим умом.

Уважаемым членом “Беседы любителей русской словесности” Крылов является с самого ее основания; 16 декабря 1811 г. он избран членом Российской Академии, 14 января 1823 г. получил от нее золотую медаль за литературные заслуги, а при преобразовании Российской Академии в отделение русского языка и словесности Академии Наук (1841) был утвержден ординарным академиком (по преданию, император Николай согласился на преобразование с условием, “чтобы Крылов был первым академиком”).

В год Отечественной войны Крылов становится политическим писателем, именно того направления, которого держалось большинство русского общества. Также ясно политическая идея видна и в баснях двух последующих годов, например “Щука и Кот” (1813) и “Лебедь, Щука и Рак” (1814; здесь выражено недовольство русского общества действиями союзников императора Александра). В 1814 г. Крылов написал 24 басни, все до одной оригинальные, и неоднократно читал их при дворе, в кружке императрицы Марии Федоровны. По вычислению Галахова, на последние 25 лет деятельности Крылова падает только 58 басен, тогда как на первые двенадцать - 140.

Все согласны в том, что в мастерстве рассказа, в рельефности характеров, в тонком юморе, в энергии действия Крылова—истинный художник, талант которого выступает тем ярче, чем скромней отмежеванная им себе область. Басни его в целом —не сухая нравоучительная аллегория, и истинное “зрелище жития человеческого”. Насколько назидательна басня Крылова была для современников и продолжает быть для потомства —об этом мнения не вполне сходны, и для полного выяснения вопроса сделано далеко не все необходимое. У него другая задача—казнить зло безжалостным смехом: удары, нанесенные им разнообразным видам подлости и глупости, так метки, что сомневаться в благотворном действии его басен на обширный круг их читателей нельзя.

Важное историко-литературное значение Крылова не подлежит сомнению. Как в век Екатерины рядом с восторженным Державиным был необходим пессимист Фонвизин, так в век Александра был необходим Крылов; действуя в одно время с Карамзиным и Жуковским, он представлял им противовес.

Он писателем, и в языке, и в образах (его звери, птицы, рыбы и даже мифологические фигуры—истинно русские люди, каждый с характерными чертами эпохи и общественного положения), и в идеях. Он симпатизирует русскому рабочему человеку, недостатки которого, однако, прекрасно знает и изображает сильно и ясно. Добродушный вол и вечно обиженные овцы у него единственные так называемые положительные типы, а басни: "Листы и Корни", "Мирская сходка", "Волки и Овцы", выдвигают его далеко вперед из среды тогдашних идиллических защитников крепостного права.

Многое в биографии и творчестве Крылова остается еще темным. Так, например, не исчерпан вопрос о том, совершился ли перелом в общественных взглядах Крылова, и о связях его миросозерцания с консервативными направлениями александровского времени.

Источник: Русский биографический словарь.

ВОРОНА И ЛИСИЦА

Уж сколько раз твердили миру,
Что лесть гнусна, вредна; но только все не впрок,
И в сердце льстец всегда отыщет уголок.

—

Вороне где-то бог послал кусочек сыру;
На ель Ворона взгромоздясь,
Позавтракать было совсем уж собралась,
Да призадумалась, а сыр во рту держала.
На ту беду Лиса близехонько бежала;
Вдруг сырный дух Лису остановил:
Лисица видит сыр, Лисицу сыр пленил.
Плутовка к дереву на цыпочках подходит;
Вертит хвостом, с Вороны глаз не сводит
И говорит так сладко, чуть дыша:
"Голубушка, как хороша!
Ну что за шейка, что за глазки!
Рассказывать, так, право, сказки!
Какие перушки! какой носок!

И, верно, ангельский быть должен голосок!
Спой, светик, не стыдись! Что, ежели, сестрица,
При красоте такой и петь ты мастерица,—
Ведь ты б у нас была царь-птица!"
Вещуньина с похвал вскружилась голова,
От радости в зобу дыханье сперло,—
И на приветливы Лисицыны слова
Ворона каркнула во все воронье горло:
Сыр выпал — с ним была плутовка такова.

ВОЛК И ЯГНЕНОК

У сильного всегда бессильный виноват:
Тому в Истории мы тьму примеров слышим,
Но мы Истории не пишем;
А вот о том как в Баснях говорят.

—

Ягненок в жаркий день зашел к ручью напиться;
И надобно ж беде случиться,
Что около тех мест голодный рыскал Волк.
Ягненка видит он, на добычу стремится;
Но, делу дать хотя законный вид и толк,
Кричит: "Как смеешь ты, наглец, нечистым рылом
Здесь чистое мутить питье
Мое
С песком и с илом?
За дерзость такову
Я голову с тебя сорву".—
"Когда светлейший Волк позволит,
Осмелюсь я донесть, что ниже по ручью
От Светлости его шагов я на сто пью;
И гневаться напрасно он изволит:
Питья мутить ему никак я не могу".—

“Поэтому я лгу!
Негодный! слыхана ль такая дерзость в свете!
Да помнится, что ты еще в запрошлом лете
Мне здесь же как-то нагрубил:
Я этого, приятель, не забыл!”—
“Помилуй, мне еще и отроду нет году”,—
Ягненок говорит. “Так это был твой брат”.—
“Нет братьев у меня”.— “Так это кум иль сват
И, словом, кто—нибудь из вашего же роду.
Вы сами, ваши псы и ваши пастухи,
Вы все мне зла хотите
И, если можете, то мне всегда вредите,
Но я с тобой за их разведаюсь грехи”.—
“Ах, я чем виноват?”— “Молчи! устал я слушать,
Досуг мне разбирать вины твои, щенок!
Ты виноват уж тем, что хочется мне кушать”.—
Сказал и в темный лес Ягненка поволок.

Пословицы

У всякого народа множество пословиц. Самые популярные пословицы прекрасно выражают народный дух.

Задание 1. Прочитайте русские пословицы. Придумайте ситуации, когда можно использовать ту или иную пословицу.

Незванный гость хуже татарина.
Не все коту масленица.
Делу время — потехе час.
Без труда не вытащишь рыбку из пруда.
Любишь кататься, люби и саночки возить.
Не родись красивой, а родись счастливой.
Не имей сто рублей, а имей сто друзей.

Береги платье снову, а честь смолоду
Береженого и Бог бережет.
Были бы кости, а мясо нарастет.
Взялся за гуж, не говори, что не дюж.
Волков бояться — в лес не ходить.
Выше головы не прыгнешь.
Летний день год кормит.
Доброе слово и кошке приятно.
Дома и стены помогают.
В гостях хорошо, а дома лучше.
Едешь на день, хлеба бери на неделю.
Пока гром не грянет, мужик не перекрестится.
Правда хорошо, а счастье лучше.
Простота хуже воровства.
Что русскому хорошо, то немцу смерть.

Задание 2. Назовите корейские пословицы, которые по смыслу похожи на русские.

7.
Любимые песни
애창곡 가사

Народ в России талантлив и музыкален. Во время праздников или когда просто хорошее настроение русские любят петь. В этих песнях душа и характер русского человека.

Вы можете разучить некоторые из предложенных вам русских народных и популярных в России песен.

«Из-за острова на стрежень»
Русская народная песня

Из-за острова на стрежень
На простор речной волны
Выплывают расписные
Стеньки Разина челны.
На переднем Стенька Разин
Обнявшись с княжной младой
Свадьбу новую справляет
Сам веселый и хмельной.
Позади их слышен ропот:
Нас на бабу променял,
Только ночь с ней провожался,
Сам наутро бабой стал".
Этот ропот и насмешки слышит грозный атаман
И он мощною рукою обнял персиянки стан.
“Ничего не пожалею, буйну голову отдам”—
Раздается голос властный
По окрестным берегам
А княжна, закрывши очи, ни жива и ни мертва,
Молча слушает хмельные атамановы слова.
Мощным взмахом поднимает

Он красавицу княжну,
И за борт ее бросает в набежавшую волну…
“Что ж вы братцы приуныли?
Эй ты Филька, черт, пляши!
Грянем, братцы, удалую на помин ее души!"
Из-за острова на стрежень
    На простор речной волны
    Выплывают расписные
    Стеньки Разина челны...

«По диким степям Забайкалья»
Русская народная песня

По диким степям Забайкалья,
Где золото роют в горах,
Бродяга, судьбу проклиная,
Тащился с сумой на плечах.

На нем рубашонка худая
Со множеством разных заплат,
Шапчонка на нем арестанта
И серый тюремный халат.

Бежал из тюрьмы темной ночью,
В тюрьме он за правду страдал,
Идти дальше нет уже мочи,
Пред ним расстилался Байкал.

Бродяга к Байкалу подходит,
Рыбацкую лодку берет
И грустную песню заводит,
Про родину что-то поет.

Бродяга Байкал переехал,
Навстречу родимая мать.
—Ах, здравствуй, ах, здравствуй, родная
Здоров ли отец мой и брат?

— Отец твой давно уж в могиле,
Землей призасыпан лежит,
А брат твой давно уж в Сибири,
Давно кандалами гремит.

«Калинка»
Русская народная песня

В саду ягода малинка, малинка моя!
Ах! Под сосною под зеленою
Спать положите вы меня;
Ай, люли, люли, ай, люли, люли,
Спать положите вы меня.

Калинка, калинка, калинка моя!
В саду ягода малинка, малинка моя!
Ах! Сосенушка ты зеленая,
Не шуми же надо мной!
Ай, люли, люли, ай, люли, люли,
Не шуми же надо мной!

Калинка, калинка, калинка моя!
В саду ягода малинка, малинка моя!
Ах! Красавица, душа-девица,
Полюби же ты меня!
Ай, люли, люли, ай, люли, люли,
Полюби же ты меня!

Калинка, калинка, калинка моя!
В саду ягода малинка, малинка моя!

«Живет моя отрада»

Живет моя отрада в высоком терему,
А в терем тот высокий нет хода никому.

Я знаю, у красотки есть сторож у крыльца.
Никто не загородит дорогу молодца.

Войду я к милой в терем и брошусь в ноги к ней.
Была бы только ночка, да ночка потемней.

Была бы только ночка, да ночка потемней.
Была бы только тройка, да тройка порезвей

«Ой, мороз, мороз!»

Ой, мороз, мороз, не морозь меня,
Не морозь меня моего коня,
Не морозь меня, моего коня.
Моего коня белогривого.
У меня жена ох, ревнивая,
У меня жена ох, ревнивая,
У меня жена ох, красавица.
Ждет меня домой, ждет печалится.
Я вернусь домой на закате дня.
Обниму жену, напою коня,
Обниму жену, напою коня.
Ой, мороз, мороз, не морозь меня,
Не морозь меня, моего коня,
Не морозь меня моего коня.

«Катюша»
Русская народная песня

Расцветали яблони и груши,
Поплыли туманы над рекой.
Выходила на берег Катюша,
На высокий берег на крутой.

Выходила, песню заводила
Про степного, сизого орла,

Про того, которого любила,
Про того, чьи письма берегла.

Он ты, песня, песенка девичья,
Ты лети за ясным солнцем вслед.
И бойцу на дальнем пограничье
От Катюши передай привет.

Пусть он вспомнит девушку простую,
Пусть услышит, как она поет,
Пусть он землю бережет родную,
А любовь Катюша сбережет.

Расцветали яблони и груши,
Поплыли туманы над рекой.
Выходила на берег Катюша,
На высокий берег на крутой.

«Надежда»

Светит незнакомая звезда,
Снова мы оторваны от дома,
Снова между нами города,
Взлетные огни аэродрома.
Здесь у нас туманы и дожди,
Здесь у нас холодные рассветы,
Здесь на неизведанном пути
Ждут замысловатые сюжеты.

Надежда—мой компас земной,
А удача—награда за смелость,
А песни довольно одной,
Чтоб только о доме в ней пелось.
И поверь, что здесь издалека
Многое теряется из виду,
Тают грозовые облака,
Кажутся нелепыми обиды.

Надо только выучиться ждать,
Надо быть спокойным и упрямым,
Чтоб порой от жизни получать
Радости скупые телеграммы

И забыть по-прежнему нельзя
То, что мы когда-то недопели,
Милые усталые глаза,
Синие московские метели,
Снова между нами города,
Жизнь нас разлучает, как и прежде,
В небе незнакомая звезда
Светит, словно памятник надежде.

«Славное море, священный Байкал»
Русская народная песня

Славное море, священный Байкал,
Славный корабль, омулёвая бочка.
Эй, баргузин, пошевеливай вал,
Молодцу плыть недалечко.
Эй, баргузин, пошевеливай вал,
Молодцу плыть недалечко.

Долго я тяжкие цепи носил,
Долго скитался в горах Акатуя,
Старый товарищ бежать подсобил,
Ожил я, волю почуя.
Старый товарищ бежать подсобил,
Ожил я, волю почуя.

Шилка и Нерчинск не страшны теперь,
Горная стража меня не поймала.
В дебрях не тронул прожорливый зверь,
Пуля стрелка миновала.
В дебрях не тронул прожорливый зверь,
Пуля стрелка миновала.

Шёл я и в ночь, и средь белого дня,
Вкруг городов, озираяся зорко.
Хлебом кормили крестьянки меня,
Парни снабжали махоркой.
Хлебом кормили крестьянки меня,
Парни снабжали махоркой.

Славное море, священный Байкал,
Славный мой парус, кафтан дыроватый.
Эй, баргузин, пошевеливай вал,
Слышатся грома раскаты.
Эй, баргузин, пошевеливай вал,
Слышатся грома раскаты.

«Журавли »
слова Р. Гамзатова, музыка Я. Френкеля
перевод с аварского Н. Гребнева

Мне кажется порою, что солдаты,
С кровавых не пришедшие полей,
Не в землю нашу полегли когда-то,
А превратились в белых журавлей.

Они до сей поры с времен тех дальних
Летят и подают нам голоса.
Не потому ль так часто и печально
Мы замолкаем, глядя в небеса?

Летит, летит по небу клин усталый,
Летит в тумане на исходе дня,
И в том строю есть промежуток малый,
Быть может, это место для меня.

Настанет день, и с журавлиной стаей
Я поплыву в такой же сизой мгле,
Из-под небес по-птичьи окликая
Всех вас, кого оставил на земле.

Мне кажется порою, что солдаты,
С кровавых не пришедшие полей,
Не в землю нашу полегли когда-то,
А превратились в белых журавлей...

«Миллион Алых Роз»
Текст песни—Миллион Алых Роз—Алла Пугачева

Жил был художник один,
Домик имел и холсты,
Но он актрису любил,
Ту, что любила цветы.
Он тогда продал свой дом,
Продал картины и кров,
И на все деньги купил
Целое море цветов.

[Припев](x2)
Миллион, миллион, миллион алых роз
Из окна, из окна, из окна видишь ты,
Кто влюблен, кто влюблен, кто влюблен и всерьез,
Свою жизнь для тебя превратит в цветы.

Утром ты встанешь у окна,
Может сошла ты с ума?
Как продолжение сна,
Площадь цветами полна.
Похолодеет душа,
Что за богач здесь чудит?
А под окном чуть дыша,
Бедный художник стоит.

[Припев](x2)

Встреча была коротка,
В ночь ее поезд увез,
Но в её жизни была

Песня безумная роз.
Прожил художник один,
Много он бед перенес,
Но в его жизни была
Целая площадь цветов.

[Припев](x2)

Раздел IV.

Информация к размышлению / Тексты и задания

제IV부 생각하며 읽는 정보/텍스트와 과제

В этом разделе нашего курса по страноведению России мы предлагаем вашему вниманию материалы, опубликованные в российских газетах и журналах, на интернет-сайтах. В них вы найдете дополнительную информацию о природных ресурсах Сибири, о бизнесе в России, об экологии, о россиянах и др.

1. Здесь царство матери — природы

어머니 자연의 왕국

과제

1. 본문을 읽고, 핵심 단어들의 뜻을 쓰시오.

2. 일부 합성어를 빼거나, 줄이거나 다른 단어로 바꾸어 서론의 내용을 구어체로 말해 보시오.

Заповедники — а их на сегодняшний день в России насчитывается 99 являются самой действенной формой охраны природы, признаются нашим национальным достоянием, имеют очень высокую оценку и за рубежом.

Включение Байкала в список мирового природного наследия во многом обусловлено значительностью достижений в природоохранной деятельности трёх заповедников, расположенных на его берегах. Их существование даёт твёрдую надежду на безусловное сохранение в первозданном виде природных комплексов. В них согласно решению правительства, не допускается никакая хозяйственная деятельность.

Задач у заповедника три: охрана территории от нарушений заповедного режима, изучение закономерностей течения природных процессов и явлений (для этого имеется отдел науки) и научно-просветительская работа, которую ведут сотрудники отдела природоохранного просвещения.

На берегах Байкала выделены заповедники: Баргузинский, Байкальский, Байкало-Ленский. Что охраняют, изучают, о чём рассказывают их работники, что привлекает внимание рыцарей природоохраны?

Прежде всего, яркие, значимые в жизни заповедных обитателей образы природы. Прежде всего, это участки, олицетворяющие неприкосновенную заповедность, сказочную тишину гор и лесов, синь Байкала и дух таёжных обитателей- от простенького цветочка, бабочки-однодневки до соболя, изюбра, медведя. Их, этих образов, конечно, много, но можно вспомнить лишь о некоторых, расположенных в том или ином заповеднике.

Баргузинский

Организован в 1916 г. на Баргузинском хребте северо-восточного побережья Байкала, в местности, называемой аборигенами Подлеморье.

Современная общая площадь около 37 тыс. гектаров, в том числе 15 тыс. акваторий Байкала и более 111 тыс. гектаров биосферного полигона.

Первое чудо заповедника, незабываемый образ его природы, встречает нас прямо на берегу Байкала в центральной усадьбе—посёлке Давше. Здесь на поверхность выходит вода, нагретая материнским теплом Земли до +43 градусов. Вода целебная, сложного минерального состава. А в горах по долине реки Большой природа расщедрилась ещё больше: реке, вышедшей из объятий гор на байкальскую равнину, на память о пройденном тяжёлом пути она подарила термально-минеральный источник с +76 градусами! Обвила его пышною, невиданной густоты и высоты зеленью трав и деревьев. А какие там пихты! Полметра в поперечнике, высотою в полнеба!

Населила мать-природа место это реликтами и эндемиками очень далёкого времени, оставила нам на память их свидетелей: папоротник-ужовник, диковинных стрекозоз, яйцекладущих змей—узорчатых полозов. В этих краях есть даже небольшой водопад с горячей водой.

Край заповедный этот—обитель множества растений, животных, чудной красоты ландшафтов.

Здесь, в Подлеморье, сохранился от уничтожения к началу XX в., а позже и размножился знаменитый по всему миру баргузинский соболь. Можно смело утверждать, что этот прекрасный представитель животного мира Прибайкалья сохранился только благодаря особо охраняемым территориям, прежде всего Байкальскому заповеднику.

Байкальский

Выделен в 1969 году по результатам исследований ботаника Н.Еловой, которая исследовала южное Прибайкалье в пределах хребта Хамар-Дабан и нашла там несколько реликтов широколиственных лесов, в которых остались и эндемики. Современная площадь около 170 тысяч гектаров.

Склоны большого Хамар-Дабана, смотрящие на Байкал,—одна из самых многоснежных территорий на священном море, а с учётом всех атмосферных осадков, этот участок не имеет себе равных по их обилию во всей Восточной Сибири. В частности, поэтому из представителей растительного мира здесь сохранились огромные голубые ели и неохватные тополя в благородного цвета коре. Величаво выстроились они на берегах таёжных речек. Эндемичны даже и не отдельные виды, но целые сообщества, как пихтовый лес, вейниковый лес с покровом из анемоны байкальской.

Исследователь, изучающий млекопетающих, поднявшись в подгольцовый пояс, с удивлением склонится над любопытнейшей вмятиной на снегу или грязи у ручья: это же след таёжного северного оленя! Он не ошибся—в заповеднике сохраняется самое южное на Байкале, да, навеное, и во всей Азии, сообщество этого животного. Не будь заповедника, его давно здесь выбили бы браконьеры.

Байкало-Ленский

Расположен на южной части Байкальского хребта, выделен в 1986 г. на площади 360 тыс. гектаров. Идею создания заповедника на северозападном побережье Байкала впервые высказал известный учёный, эколог и публицист Олег Гусев в 1956 г. Он и его единомышленники, объединённые Байкальской комиссией ВООП, 30 лет добивались претворения идеи в реальность.

На всей западной береговой линии Байкала от юга до севера мыс Рытый (Хыр-Хушун по-бурятски)—самый яркий образ природы столь большого размера. Занимая важное место в буддийской мифологии, в верованиях бурят, он как священное место всегда был особо охраняемой территорией. С мыса Хыр-Хушун начинается грозная панорама придвинувшегося вплотную к Байкалу Байкальского хребта. Первое с юга грандиозное ущелье, в котором, единственном на Байкале, среди постоянного шума водотока изредка, в тяжёлый ветер, люди слышали леденящие душу завывания, стоны, всхлипывания, прерывистый низкий рёв. Это оживали и гневались жители грома Азрэ и Алмэ—сыны Ухури- Тэгрия, там было их жилище. Они не желают видеть людей и жестоко карают даже за то, что человек немного прошёл в глубину ущелья от прибрежного участка мыса, где пасётся его скот.

Это и был заповедник, особо охраняемая территория!

Ныне мыс Хыр-Хушун в составе заповедника—хранитель реликтовой степи со свойственным ей набором представителей растительного и животного мира. Если подняться ущельем и выйти на осевую линию Байкальского хребта, под ногами увидим широкую долину, а по ней вьющийся тоненький ручеёк. Здесь произошло таинство зарождения одной из десяти величайших рек мира—Лены.

Заповедные просторы—родовые земли всех растений и животных, обычных и редких для всего западного Прибайкалья, они здесь живут на полной свободе, под надёжной охраной человека, в царстве её величества матери-природы.

Восточно-Сибирская правда, 18 апреля 2000г.

2.
Щедрая земля
풍요로운 땅

과제

1. 본문을 읽어 보고 핵심 단어를 찾아보시오.

2. 문장의 핵심 내용을 파악하여 다음 질문에 대답하시오.
   ① 이 기사는 어떤 기념일과 관련되어 있습니까? (쓰여졌습니까?)
   ② 러시아에서 이 기념일은 언제 입니까?
   ③ 기자는 누구와 대담하고 있습니까?
   ④ 담화 초반에 대담자는 무엇에 대하여 이야기하고 있습니까?
   ⑤ 이르꾸츠크 주에서 나오고 있는 광물자원에는 어떤 것들이 있습니까?
   ⑥ Иванов는 현대 지질학의 상태를 어떻게 평가하고 있습니까?

Уже много лет приметой весны является традиционный День геолога, отмечаемый в первое воскресенье апреля. Ныне всё в природе перепуталось; ещё властвует зима и в тайге не думает таять снег. Но всё равно геологи-работяги уже готовят рюкзаки, провизию и транспорт для заброски на полевой сезон. Поисковые работы не за горами.

Как видится благоприятная геологическая пора—об этом я беседую с председателем комитета Министерства природных ресурсов РФ по Иркутской области Владиславом Ивановым.

Q: С «колокольни» федерального уровня как вы оцениваете состояние материально-сырьевой базы нашего региона?

A: Горное дело в Иркутской области уходит своими корнями в XVII век; и официальная геологическая служба у нас действует свыше 110 лет. Её организатором был известный геолог В.А.Обручев. За более чем вековой период стараниями наших геологов открыты и разведаны уникальные месторождения: россыпное и золоторудное Сухой Лог, нефти и газа, калийных солей, савинских магнизитов, редких металлов, слюды, железных и марганцевых руд, драгоценных камней. На их основе действует мощный горнодобывающий комплекс. Запасы полезных ископаемых в недрах Восточной Сибири оцениваются более чем в три триллиона долларов.

Q: Но большинство из названных кладовых—это находки прошлых лет. По прогнозам учёных-геологов, иркутская земля таит в себе ещё немало богатств. Когда наступит их черёд, если учесть, что такое сырьё, как россыпное золото, уголь, слюда- мусковит, истощается. Что делается по восполнению запасов?

A: Надо признать, что объёмы геологоразведочных работ в сравнении с 1990 годом многократно сократились, и теперь практически не ведутся за счёт государственных ассигнований, а только на средства добывающих предприятий. Соответственно сократилась и численность работников этой отрасли. Отсюда и отдача: за последнее время не было крупных открытий полезных ископаемых, перспективных находок. В то же время начинает прослеживаться положительная тенденция, взять хотя бы 1999 год.

Q: Чем он был примечателен, если экономические условия не изменились?

A: Позитивные сдвиги налицо; масштабы геологоразведочных работ увеличились вдвое и, что очень отрадно, возросли объёмы финансирования. Конечно, эти цифры далеки до того благополучного периода, но тем не менее. Впервые за последние восемь лет сравнялись прирост запасов и добыча россыпного золота, до этого шло срабатывание месторождений. Значительный прирост запасов газа получен за счёт доразведки на Ковыктинском газоконденсатном месторождении. В начале марта Центральная комиссия в Москве приняла промышленные запасы в 1,4 трлн. кубометров, что делает более привлекательным месторождение для иностранных инвесторов.

Q: У геофизиков, геологов не возникало сомнений в перспективности Ковыкты, но не хватало средств для бурения скважин и подтверждения богатых запасов. РУСИА Петролеум совместно с БиПи-Амоко вложили нужные средства на доразведку месторождения. Сейчас необходимо провести изыскательские работы на прилегающих его участках. И тут начинаются разногласия с Министерсвом природных ресурсов РФ, которое не прочь отдать лицензию на разработку этих площадей другим российским компаниям. Какова здесь ваша позиция?

A: На мой взгляд, то, что администрация области твёрдо настаивает на целесообразности продолжения доразведки Кавыкты компанией «РУСИА Петролеум», понятно — есть хозяин на едином месторождении, и он должен продолжать наращивать объёмы запасов газа. Министерство в принципе не против такого решения, но ищет правовые аспекты этого вопроса (прим. авт.:Формальное соблюдение законов; есть новые площади — надо проводить конкурс). Территория, разумеется, против. В настоящий момент необходимы согласительные процедуры, которые бы урегулировали эту проблему. Ею занимается Министерство, а не региональный комитет по природным ресурсам.

Q: Насколько я понимаю, поиск и разведка полезных ископаемых переложены на горнодобывающие предприятия, которые заинтересованы только в приросте нужного им сырья. Поэтому ждать новых открытий не приходится, так как государство не выделяет на эти цели средства. В каком же положении находятся работы по алмазам, новым проявлениям нефти, марганца и других руд?

A: Воспроизводством минерально-сырьевой базы серьёзно занимаются золотодобытчики, чего нельзя сказать о других отраслях. Большую часть отчислений область должна получать от угольщиков, но они не платят этот налог ни в областной, ни в федеральный бюджеты. Похожая ситуация в целом по стране, то есть продаём разведанное, не заботясь о перспективе. В этом направлении, думаю, твёрдую позицию занимает областная администрация. Длительное время фирма «Магир» тянула с разработкой Савинского месторождения магнизитов. Неоднократно разбирались и потом предупредили: если в 1999 году не примут кардинальных мер, то лицензия на эту сырьевую базу будет отозвана и передана другому. Видимо, это жесткое требование возымело действие, и в тот год добыто 129 тысяч тонн руды. Можно сказать иркутские магнезиты получены, появилось новое горнодобывающее предприятие.

Q: На разведку каких полезных ископаемых выделяет средства федеральный бюджет?

A: Наш комитет получает эти средства и выступает заказчиком геологических предприятий, заключая с ними контракты, контролируя выполнение. Деньги, поступающие в областной бюджет от предприятий на восставление минерально-сырьевой базы, расходуются по соглашению с областной администрацией, они направляются на конкретные объекты поисков. За счёт всех источников профинансированно в 1999 году работ на 433 млн. рублей, или в 2,4 раза больше, чем в предыдущем. В этой сумме 120 млн. руб., непосредственно выделенных федеральным бюджетом. В основном они потрачены на региональную геологическую съёмку, геофизические работу, на разведку нефти, газа, марганца и алмазов. По линии местного бюджета большие работы выполнены по поискам воды, золота. Рассматривается положительная тенденция расширения геологоразведочных работ.

Q: Какие предприятия отрасли выстояли в сложной ситуации, как им это удалось?

A: Самых добрых слов заслуживает объединение «Иркутскгеология». С начала 90-х годов крупные геологические предприятия распались, экспедиции, партии стали самостоятельными или самоликвидировались. А «Иркутскгеология» благодаря её генеральному директору В.Ф.Дубинину сохранила всю структуру, кадровый и технический потенциал. Хотя, конечно, пришлось ужаться, уменьшить численность работающих, так как объёмы работ упали. Выдержали главные направления геологоразведки: золото, подземные воды, марганец и т.д. По-прежнему высоко держат свою марку ГП «Иркутскгеофизика». В труднейшем положении оказалась «Востсибнефтегазгеология», потому что государство не финансирует разведку углеводородного сырья. Выживает коллектив за счёт подрядов РУСИА Петролеум. На доразведке Ковыктинского месторождения у него серьёзные конкуренты: Прикаспийнефть и Удмуртнефтегаз. Сотрудничают с фирмой «Братскэкогаз». Координирующую роль по поискам урановых месторождений выполняет «Сосновгеология» в Бурятии, Читинской области и других регионах.

Q: Наша беседа проходит накануне профессионального праздника — Дня геолога. Что бы Вы пожелали своим коллегам?

A: Прежде всего хотел бы отметить, что за годы реформ у геологов выпало среднее и молодое поколение специалистов. Надо омолодить коллективы, принимать и растить выпускников вузов и техникумов□отрасль медленно, но возрождается. Ну и, конечно, устарела техническая база геологических предприятий. В 1999-м нашли немного денег на обновление техники, но впереди огромное поле деятельности. А самое важное — пожелать геологам новых открытий богатых месторождений — земля иркутская щедра на богатства.

Восточно-Сибирская правда, 1 апреля 2000 г.

3.
Клад в три триллиона долларов
3조 달러의 보물

과제

1. 본문을 읽고, 핵심 단어를 찾아보시오.
2. 기사를 바탕으로 보고서를 만들어 보시오. 보고서를 만들 때 책이나 기사의 문제점을 짧게 설명하고, 문제점의 내용과 결론을 서술하시오.

① 기사의 제목, 필자. 기사가 인쇄된 저널, 신문
② 기사의 핵심 과제 기사에서 검토하는 문제
③ 그 문제 중에 제일 중요하고 재미있는 문제
④ 필자의 결론

Именно на такую сумму тянут, по оценкам геологов, полезные ископаемые, лежащие в недрах Иркутской области. Это только выявленные. Вполне возможно, что ещё столько же ожидает своего открытия.

Если учесть, что все сырьевые запасы России оцениваются в 30 триллионов долларов, то Иркутская область не может считать себя обделённой. Тем более по числу доставшихся на её долю клеточек таблицы Менделеева. Та же, например, Тюменская область, может быть и перевешивает по числу долларов, но все эти доллары практически одного происхождения — нефтяного. А в подземной кладовой Приангарья числится сорок наименований товара.

Столпы подземного общества

Официально считается, что геологическое исследование Восточной Сибири началось примерно 120 лет назад. Неофициально же — 150 лет с момента открытия Бодайбинского золота. Но золото было скорее случайностью, шальным случаем, чем игрою ума. Именно ум создал теорию строения земной коры, по которой на равнине надо искать уголь, железо и нефть, а в горах — полиметаллы. (Жаль, что все теории идут вслед за практикой, и прежде чем написать книгу, надо истоптать сотни тысяч километров).

Но как бы то ни было, Восточная Сибирь стала классическим подтверждением теории. Именно на равнине нашли несметные залежи угля. Только разведанные запасы оцениваются в 8 миллиардов тонн. Много это или мало можно судить по тому, что в лучшие годы давали нагора не больше 20 миллионов тонн, а сейчас и того меньше — 15 миллионов. Это, можно сказать, мышиный надкус на головке сыра.

Не менее щедро наделена область и железной рудой. Только обсчитанные запасы составляют 2 миллиарда тонн, а прогнозные оценки называют цифры в 25 миллиардов. Содержание железа в руде, например, 30 процентов. Это не намного хуже, чем на Курской магнитной аномалии. Большей концентрацией — 65-70 процентов — могут похвастаться лишь руды Кривого Рога. После потери криворожских месторождений, отошедших Украине, значение Восточной Сибири, как поставщика для черной металлургии, ещё более возрастает.

К сожалению, не лучшие дни переживает сама металлургия. Спрос на её продукцию упал более чем вдвое. Соответственно упала потребность и в железнорудном концентрате. Вместо прежних 17 миллионов тонн руды сейчас добывается лишь 7-8.

Ещё один подарок равнины — поваренная соль. Уникальные пласты тянутся на сотни километров. Это почти неиссякаемый источник сырья для химической и пищевой промышленности.

Завершает список главных элементов, извлекаемых сегодня из земли, золото. Скорее оно даже возглавляет список, если исходить из его стоимости. По его добыче Иркутская область занимает четвёртое место, пропустив вперёд лишь Магаданскую область, Красноярский край и Якутию. Её доля в общероссийском золотом «караване» составляет десять процентов.

Наверное, было бы логично включить в перечень главных богатств области и слюду. Основным её потребителем был военно- промышленный комплекс. Несмотря на падение объёмов производства, он и сейчас нуждается в ней. Но предпочитает вместо сибирской покупать индийскую, хуже качеством, но продаваемую по демпинговым ценам. Целая слюдоносная провинция остаётся невостребованной. Добыча в прошлом году составила лишь 20 тонн вместо прежних 25 тысяч.

Металлы будущего—тантал и ниобий

Природа прячет—геологи ищут. В этой игре в «кошки мышки» победа на стороне человека. На государственном балансе числится около 500 месторождений. Среди них такие крупномасштабные, как Ковыктинское газокондексатное, Верхнечонское нефтяное, Непское калийных солей. Единственное уязвимое их место—труднодоступность. Чтобы добраться до них, нужно строить железные дороги и газопроводы. А это огромные инвестиции.

Освоение одного Ковыктинского месторождения требует 12 миллиардов долларов.

Но эти затраты должны окупиться за семь лет. Если по экспортной трубе будет прогоняться по тридцать миллиардов кубометров газа, то область получит в своё пользование второй бюджет.

Большие надежды связываются и с Савинским месторождением магнизитов. По своему значению он идёт третьим номером вслед за газом Ковыкты и рудным золотом Сухого Лога. На выпускаемые на основе магнезита огнеупоры громадный спрос в Европе. Раньше его удовлетворяло уральское месторождение в городе Садка, но ныне оно почти исчерпано. Многие страны: Франция, Италия, Германия, Швеция—готовы закупать сибирскую продукцию.

Но этой продукции мало и она не высокого качества. Одна из причин в том, что АО «Магир», получившие лицензию на разработку месторождения, не соблюдает нужной технологии. Для обжига магнезита и превращения его в огнеупор, так называемого переклиза, требуются шахтные печи в 120 метров длиной. На Восточно-Сибирском заводе огнеупоров, основном акционере «Магира», установлены печи в два раза короче. Естественно, что при таком усечённом обжиге не получается любви с иностранцами.

Значительно меньшую роль, чем они могли бы играть,

играют в формировании сырьевой базы Саяны. Во-первых, как это не странно, они меньше исследованы по сравнению с северными территориями, а во-вторых, сократилась потребность в редких металлах.

Из-за этого закрыты карьеры и остановлена обогатительная фабрика в Белой Зиме. Правда, сказалась и экономическая целесообразность. Большезиминское месторождение тантала и ниобия обладает большими запасами, но бедным содержанием: всего лишь тремя сотыми процента. А для рентабельного производства нужно не меньше полпроцента. По крайней мере, так показывает мировая практика.

Крест на Белой Зиме ставить, конечно, нельзя, считают специалисты комитета природных ресурсов, тантал и ниобий — металлы будущего, и когда-нибудь будут востребованы.

Не очень пока везёт и титану. В области есть два крупных месторождения: Тулунское и Даурское (Нижнеудинский район). Но вся проблема не в наличии руды, а в извлечении из неё титана. Это поистине титанический труд. Слишком много попутчиков его окружает. Из-за близости удельных весов их невозможно разделить гравитационным методом, а из-за тесного соседства точек плавления архисложно разъединить в плавильном ковше.

А вот дорогу графиту закрывает... закон о Байкале. Довольно крупное месторождение и с хорошим качеством как раз обнаружено на южной кромке озера. Но поскольку горнорудное производство относится к классу «грязных», то ему вряд ли суждено приобрести право на жизнь.

Дефицитные элементы

При огромных и разнообразных природных ресурсах можно предположить, что Россия ни в чём не нуждается. Оказывается, это совсем не так. Сейчас в стране острейший дефицит трёх элементов: урана, марганца и олова.

Распад Союза привёл к тому, что Россия лишилась нужных месторождений. Уран отошёл Казахстану, марганец — Грузии, олово — ещё кому-то. И сейчас принимаются срочные меры по их равноценной замене.

К поиску подключена Иркутская область. Но можно наперёд сказать, что того же урана в ней не отыщут. Сосновская экспедиция прочесала всё вдоль и поперёк, придя к выводу, что «мы на этот предмет стерильны». Оловом тоже вроде не пахнет. А вот марганец есть. В Нижнеудинском районе целая провинция. Из неё уже берёт сырьё для батареек Свирский завод «Востсибэлемент». Но провинция бедная, с содержанием всего лишь в 20-25 процентов. А для рентабельности надо бы процентов 40-60.

Надо сказать, что само понятие «рентабельность месторождения» считалось прежде всего второстепенным. Руководствовались производственной необходимостью, а не экономической целесообазностью. Число месторождений росло, но не все они, как сейчас выясняется, могут быть пущены в дело. Никто, например, не ожидал, что с оловом может возникнуть напряжёнка. В Приморье на госбалансе стояло 40 месторождений, вполне солидный запас. Когда же хватились, то лишь два оказались пригодны для безубыточной разработки.

Сейчас выясняется, что советская геология страдала чрезмерной дотошностью. На Западе оценку месторождения ставят ещё на стадии поисковых работ, т.е. пригодно оно для промышленной разработки или нет. Только при положительном выводе приступали к детальной разведке—одной из самых дорогостоящих составляющих геологического процесса. У нас же она предусматривалась как бы автоматически. Во многих случаях работали просто на полку.

Самый курьёзный, пожалуй, случай—Удоканское месторождение меди в Читинской области. Добыча этой меди только планировалась, а геологи методично, из года в год, вели детальную разведку, тратя огромные средства. В итоге были скурпулёзно подсчитаны запасы, которых хватит на 90 (!) лет.

Сейчас отказываются от такой расточительности. Да и денег нет таких, как прежде. На детальную разведку будут ставиться лишь те месторождения, которые могут окупить вложенные в них инвестиции.

Экономика. Право. Менеджмент, №5, 2000г.

4. Сибирский «Орбит» — лучшая защита от кариеса

시베리아의 "Orbit"- 최고의 충치 예방약

과제

1. 본문을 읽고, 핵심 단어를 설명하시오.
2. 이 문제에 대해 의견을 교환하고 자신의 견해를 짧게 서술하시오.
3. 천연물의 중요성을 감안하여 이 기사에 관한 비평문을 만들어 보시오.

Серу у нас в Сибири жевали всегда. Сколько я себя помню. И, конечно, задолго до этого. Этот продукт сродни "сибирскому разговору" — знаменитым кедровым орешкам, которые, как известно, по-настоящему умеют щёлкать только у нас. Также и сера... В прежние годы ни одна беседа на лавочке, на завалинке ли не обходилась без этой смолистой, нескончаемой жвачки. Тогдашние франты и франтихи умели с каким-то особым шиком прищёлкивать этой густой массой. Выдували ли пузыри, как это делают сейчас — не припомню. Нынче каких только жевачек не продают! Всякие «Орбиты», «Диролы» и прочие заморские чудеса. Их шумно и ярко рекламирует телевидение, их продают в нарядных киосках. Но присмотритесь внимательней, и вы увидите стоящих где-то в уголке, в сторонке, в закутке скромных женщин, и перед ними в банках с водой или в коробке — хорошо знакомые светло- коричневые пластинки и колбаски. Народ подходит постоянно. И уходит, аппетитно пожёвывая. Так откуда он берётся, этот сибирский «орбит», и способен ли он конкурировать с заморскими яркими, сладкими жвачками?

На лошадку верхом — и за серой!

Владимир Петухов живёт в деревне Сплавной, что рядом с посёлком Новостройка Черемховского района. Когда-то жил в Иркутске, работал механиком на железной дороге, имел квартиру. Но потом приятель сманил большими заработками на лесоповал, и не обманул—зарабатывал Володя четыреста, пятьсот рублей, когда и до тысячи. В советские времена это были огромные деньги. Петухов был важным человеком—капитаном корабля. Сейчас от тех времен осталась разве что тельняшка. Сплав давно прекратился, теперь уже и лес не заготавливают: леспромхоз накрылся медным тазом. Основной доход семье Петухова даёт эта самая сера. Охотиться—себе дороже, штрафы огромные. А за серу пока ещё не догадались деньги брать. У них с приятелем есть лошадёнка на двоих. Оседлал её—и вперёд, за двадцать, а то и тридцать километров, ближе не найдёшь, всё ободрали.

Там, в тайге, у них избушка. И агрегат. Но сначала надо по деревьям полазать, по лиственницам. Лазает Володя как пацан, или как медведь, хотя ему уже за сорок. Наобдирает шишек серы вместе с корой—и в избушку. Там у него бак литров на сорок, из него выходит трубка, на трубке—шланг. Вода в баке кипит, пар по трубке идёт в ящик, который глухо закрыт. В ящике—сетка, на ней лежит кора с серой. Сера топится, стекает сквозь сетку в эмалированный таз (обязательно эмалированный. чтобы не приставала), в тазу—немного воды. Кора и прочий мусор остаются на сетке. Чем мельче сеточка, тем качество выше.

Вот, собственно, и вся технология. Тут без всякой экспертизы ясно, что продукт получается стерильно чистый, потому как откуда ей взяться, грязи или заразе какой, в тайге да после обработки такой. Дальше пошла коммерция. Везёт в Черемхово и сдаёт тёткам-торговкам. По 80-90 рублей за килограмм. За раз привозит когда десять, когда двадцать кило. Вот и считайте, сколько выходит арифметика простая. Промысел этот действует круглый год.

Мы еще сосули берем—это такие длинные штуки, их сосешь, они кисленькие, поэтому и называем—«сосули». По научному—камедь, она где-то применяется, очень нужная вещь. В прежние годы ее принимали по пять рублей за кило—хорошие деньги! Еще—жидкую смолу, она лечебная, у нас тут один язву излечил в самом начале. А сера, она, известно, зубы, десны лечит. У меня- то зубов давно нету. Вот заработаю на сере денег—вставлю.

Сибирский «Орбит» — не только лучшая защита от кариеса, но и спасение для беззубых!

Володя утверждает, что черемховские тётки его серу берут охотнее, чем у других. Она у него мягче и жуётся дольше. Почему? Секрет фирмы. Мне он его поведал, но я дал слово не разглашать, и слово держу.

Голодный желудок не обманешь.

Для Фёдора Афанасьевича Клюева из Новостройки добыча серы — вовсе не источник дохода, скорее, привычка и увлечение. Да ещё знакомые, дети, внуки просят — натопи хоть маленько. Для заработка у него умений много — телеги, сани может делать, дуги гнуть. Кожу выделать, ичиги сшить, конскую упряжь стачать. Дом поставить — плотник он классный. Раньше в колхозе работал, потом — вальщиком леса. Серьёзную травму получил — деревом пришибло.

Серу он добывает почти так же, как Петухов, только по деревьям не лазит, года и здоровье не те — за семьдесят перевалило. Сделал себе железную лопатку на длинной ручке, этим приспособлением соскребает серу вместе с корой.

Тоже уходит верхом на лошади, бывает, что и километров за пятьдесят. У него две лошадки свои. Когда с покоса сорвётся за серой — сам её тоже любит, и внучку побаловать хочется. Вся технология как у Володи, только вместо эмалированного таза — деревянная ванна. Говорит, что к ней сера вовсе не пристаёт, и продукт ещё естественней выходит.

Сера эта для зубов — первое дело, очищает зубы, дёсны. Потом — знаешь, что всё натурально, никакой отравы в ней нету. Жуй на здоровье!

Вот только, говорит Фёдор Афанасьевич, от голода она ну никак не спасает. Наоборот. В войну, бывало, начнёшь её жевать, чтобы сосущий желудок заглушить, обмануть — куда там, только ещё голодней становится, да слюна клубом.

Выгодно, но очень опасно. Как видим, технология добычи сибирского «Орбита» довольно проста, но требует немалых физических усилий. А что же реализация? Уже в Иркутске я не без труда завязал беседу с женщиной, торгующей серой. Зовут её Лариса. Почему не без труда? Потому что боится... Чего конкретно, я понял, когда согласие всё же было получено, Лариса дала напарнице короткий приказ: «Смотри в оба, как увидишь милицию — сматывайся». Напарница была, видимо, неопытная и нервная: во время нашей беседы раза два поднимала ложную панику.

Серу нам привозят из Читы, — рассказала Лариса (почему из Читы, а не из того же Черемховского района, что ближе, она объяснить не сумела — видимо, так сложилась конъюктура). Платим от 55 до 75 рублей за килограмм. Покупаем большими кусками. Колем их на мелкие, растопляем в тазике с горячей водой. Потом раскатываем, делаем колбаски, плитки, маленькие или большие. Вот они, перед вами — колбаска стоит рубль, маленькая плитка — пять, большая пластина — десять. С килограмма получаем доход от 150 до 200 рублей. Я заметил: покупатели всё время спрашивают, какая сера, паровая или костровая? Спецы из Черемховского района мне про эти тонкости не рассказали. Оказывается, их способ и есть паровой, а костровая сера растапливается непосредственно на огне костра и у любителей ценится больше — она мягче, приятно отдаёт запахом дыма.

«Чего же вы так боитесь?» — задал я наивный вопрос. «Как чего? Милиции, конечно. Они нас гоняют без конца. Торговать на улице вообще запрещают. А на наш товар ещё и сертификат качества требуют. А где его возьмешь? Нигде не дают... Мы пытались торговать по закону, но походили по кабинетам и бросили у них там свои заморочки, которым конца не видно. А нам семьи кормить надо. Больше никакого дохода нет. Вот и осматриваемся по сторонам, будто краденное продаём. А то, что от нашей серы — одна польза, это ещё наши бабушки знали.»

В самом деле, сера — один из самых древних и традиционных для Сибири продуктов. Может быть, стоит подумать над тем, чтобы установить простой, необременительный порядок для того, чтобы узаконить эту торговлю? Впрочем, может быть, этот порядок уже есть, но уличные торговки о нем не ведают? Или он для них очень невыгоден... Я умышленно не задал этот вопрос городским властям — надеюсь на их внимание и продолжение разговора. Как в добрые старые времена: «Редакции отвечают...».

То, что сера ничего, кроме пользы, не приносит, мы, сибиряки, знаем с детства. Это и доказывать не надо. Но я всё же обратился к специалисту по различным препаратам растительного происхождения, выше которого в наших краях нет никого. Это — всем известный учёный Виктор Васильевич Телятьев. Вот что он сказал: «Несомненно, сера способна принести только пользу. Она отлично очищает зубы и дёсна, предупреждает некоторые болезни полости рта. Эта субстанция обладает бактерицидным действием, способствует улучшению пищеварения. Ну, а уж сравнивать её с импортными жвачками просто не стоит — мы часто не знаем, что за добавки в них имеются».

Что и требовалось доказать. Так что жуйте на здоровье, как жевали наши предки, и ваши зубы, Бог даст, будут здоровы.

Комсомольская правда, 4 мая, 2000г.

5.
Что вы знаете о «русских» корейцах?
러시아의 고려인을 아시나요?

과제

1. 본문을 읽고, 핵심 단어를 찾아보시오.
2. 본문에 대한 질문을 만들어 보시오.
3. 러시아에서 고려인의 역사에 대해서 작가가 어떻게 서술하고 있는지 이야기 하시오.
4. 본문에 등장하는 주요 인물들의 활동상을 서술하시오.

Вообще-то корейцы среди прочих многочисленных российских этносов во многом стоят особняком. Они столько натерпелись и от царских, и от советских властей, но на фоне бурных парадов национальных суверенитетов по-прежнему продолжают всех удивлять своей доброжелательностью и терпимостью к исконному населению России. А припомнить корейцам есть что.

История формирования корейской общины на Дальнем Востоке связана с расширением границ Российской империи во второй половине XIXвека. В соответствии с Пекинским договором 1860 г. к России отошла обширная территория по правому берегу Амура, и к востоку от реки Уссури появилась общая граница с Кореей. Безземелье, обнищание крестьян и тяжёлое налоговое бремя погнали корейцев на российскую территорию.

Отношение русских властей к переселению из Кореи поначалу было лояльным—им предоставляли продукты, семена, землю. Благодаря корейским переселенцам в Приморье была создана новая отрасль—рисосеяние.

Очередная волна эмиграции корейцев в Приморье началась в годы гражданской войны и в первые годы советской власти. И уже в 1931 г. во Владивостоке открылся корейский пединститут с четырьмя факультетами.

Страшный 1937-й стал для корейцев роковым. Произошло поголовное их выселение в Казахстан и Среднюю Азию. Хватило только сталинского обвинения, что эта нация—сплошь японские шпионы (хотя известно, что именно от Японии корейцам доставалось больше всего на протяжении столетий). Во время сталинских репрессий людей безжалостно распихивали по вагонам для скота, разлучая детей и родителей. Из 350 тысяч депортированных до мест ссылки добрались только около 180 тысяч человек...

Только в конце 50-х, после отмены ограничений в гражданских правах, корейцам было разрешено вернуться на Дальний Восток.

И всё же что мы знаем о "русских" корейцах—наших современниках? Кому-то на память придут личности, которые нашли себя в культуре русской—рок-музыкант Виктор Цой, писатель Анатолий Ким, бард Юлий Ким, певец и композитор Валерий Пак, известная балерина Валерия Цой, певица Анита Цой. Известны широкой публике чемпион мира по боксу Константин Дзю, бывший пресс-секретарь Юрия Лужкова Сергей Цой, первый российский генерал-майор корейского происходения Владимир Цой, лётчик, герой России Юрий Цой, профессор Дипломатической академии МИД РФ, доктор исторических наук Владимир Ли, бывший депутат Госдумы Юрий Тен.

...Что характерно: на своих праздниках наши корейцы поют в основном русские песни. Из всех восточных народов, проживающих в России (к примеру, китайцев и японцев), только корейцы оказались столь восприимчивы к нашей культуре. И сегодня среди корейцев практически не наблюдается эмигрантских настроений.

...Существует ещё одна совершенно не выдуманная история, случившаяся не так давно. В одной из областей средней полосы России двум фермерам выделили землю под освоение. Один фермер был кореец, другой—русский. Уже на следующий год кореец вырастил урожай в три раза больший, чем на том же участке такой же земли русский фермер. Согласитесь, пример довольно показательный. Завидовать и тем более обижаться на корейского трудоголика, конечно же, не следует.

А вот поучиться ведению хозяйства стоило бы очень и очень многим...

Справка «ДВ»:
Сегодня:
- более 40 тысяч корейцев живут на Сахалине;
- более 20 тысяч—в Приморском крае;
- 12-13 тысяч—в Хабаровском крае;
- около 10 тысяч на Северном Кавказе;
- 10 тысяч в Москве и Московской области;
- 6 тысяч—в Ставропольском крае;
- 5,5 тысяч—в Краснодарском крае;
- 5 тысяч—в Санкт-Петербурге;
- 3 тысячи—в Северной Осетии;
- 2 тысячи—в Волгоградской области.

Корейцы живут практически во всех областях России, но нет ни одного чисто корейского населенного пункта, города.

Трибуна, 7 марта 2000г.

“

6
Гости из солнечного Китая
청명한 중국에서 오는 손님

”

과제

1. 본문을 읽고, 핵심 내용과 단어를 찾아보시오.
2. 이르꾸츠크의 중국인 유입에 대한 러시아인의 생각과 입장을 한국인의 입장에서 보는 업무보고서를 만들어 보시오. 보고서를 만들 때 책이나 기사의 문제점을 짧게 설명하고, 문제점의 내용과 결론을 서술하시오.

① 기사의 제목, 필자 ② 기사가 인쇄된 저널, 신문
③ 기사의 핵심 과제 ④ 기사에서 검토하는 문제
⑤ 그 문제 중에 제일 중요하고 재미있는 문제
⑥ 필자의 결론

Гости из солнечного Китая стали для нашего города явлением привычным. Ежедневно аэропорт Иркутск принимает два самолёта из КНР, и пункт иммиграционного контроля регистрирует от 60 до 120 вновь прибывших представителей жёлтой державы. Как правило, это туристы. Но цель их приезда отнюдь не сибирские достопримечательности, а возможность заработать. Благо, что незамысловатый торговый бизнес китайцев охотно поддерживается малоимущими россиянами.

Правда, завсегдатаи Шанхайки замечают, что раскосых коробейников теснят русские и бывшие наши соотечественники с Кавказа, Средней Азии. Статистика иммиграционной службы показывает, что число китайских граждан в Иркутске за два года сократилось практически в полтора раза. С чем это связано? Неужели международная конкуренция за рынок на улице Софьи Перовской настолько серьёзна? И не только ли «туристы» из КНР активно меняют специализацию: занимаются ремонтом обуви, изготовлением ключей и прочими мелкими услугами? Возможно. Но вот другая цифра: за те же два года в городе закрыто восемь гостиниц, размещавших исключительно китайцев. Закрыто за несоблюдение норм гигиены, пожарной безопасности и т.п. Кроме того, миграционная служба области выступает с предложением лишать лицензии те туристические

фирмы, чьи прибывшие из КНР подопечные нарушают условия пребывания на нашей территории, в том числе пытаясь остаться здесь нелегально.

1 июля вступает с силу соглашение между правительствами РФ и КНР о безвизовом въезде туристов. Сейчас китайцы имеют право на трёхмесячную туристическую визу. Согласно же новому документу, поданные Чайной страны не смогут находиться у нас дольше месяца, причём время препровождение туристов из КНР будет под контролем. Поехал знакомиться с чужой страной — знакомься, но не более того. Ответственность за это несёт принимающая организация, то есть турфирма. Она должна встретить, зарегистрировать, разместить, обеспечить программу путешествия (!), а затем проводить гостей до границ. Плюс все расходы по поиску и выдворению невозвращенцев. Если же в свободное от экскурсий время маленького хитрого туриста застукают за прилавком на «шанхайке», предприимчивый путешественник отправится домой раньше срока за нарушение цели поездки.

Что же, иркутяне останутся без дешёвых китайских товаров? Вряд ли. Потому что в наших вузах учатся полторы тысячи студентов из КНР. И, скорее всего, престиж российского образования у китайской молодёжи в ближайшем будущем поднимится чрезвычайно.

Получить работу иностранцу и, в частности, китайцу можно, но хлопотно, поскольку приоритет в трудоустройстве — у российских граждан. Хлопотать, конечно, приходится работодателю: и комитет по экономике и комитет по труду, и центр занятости должны получить внятные объяснения, почему предприниматель N не может привлечь в свою фирму местных жителей. После того, как эти инстанции дадут соответственные заключения, документы должен подписать первый заместитель главы администрации области. И только потом начальник миграционной службы выписывает разрешение, причём на каждого наёмника персонально. Чтобы добровольно ввязаться в подобный поход за кадрами, нужны действительно веские причины. Но иногда такое случается.

На сегодняшний день в Иркутске на законных основаниях трудится только один китаец. И ещё в разных районах области — 110 его соотечественников. Занимаются они преимущественно сельским хозяйством и за пределы района, в котором зарегестрированы, передвигаться не имеют права. У территориальных администраций и отделений милиций есть строгое предписание осуществлять контроль над контрактниками-иностранцами и их работодателем. Что же касается нелегального найма, то китайцы как рабочая сила пока популярностью не пользуются. Попытки организовать подпольные жёлтые бригады были: к примеру, в прошлом году из Слюдянки депортировали более десятка подрядчиков из Поднебесной. Оплачивать депортацию пришлось незадачливому эксплуататору. Но, как известно, чужой негативный опыт находчивым людям только на пользу.

Количество китайцев, осевших в Иркутске на постоянное жительство, — информация закрытая (как пояснили в паспортно-визовой службе, taskой порядок установлен международным правом). По словам сотрудников ПВС, цифра эта незначительна, однако целые улицы (как то: Подгорная) можно принять за эмигрантские поселения. Притом, что китаец, желающий получить российское гражданство, — большая редкость. Необходимости в смене подданства при переезде нет. Те, например, кто женился на русской девушке, автоматически получают вид на жительство. А пригласить в гости родственников из-за границы можно столько, сколько позволяют бытовые условия и финансы.

Сегодня, 19 мая, 2000г.

7
Россия — редкий шанс
귀한 기회의 땅–러시아

과제

1. 본문을 읽고, 핵심 내용을 요약하시오.
2. 러시아 시장경제에 대한 질문을 만들어 보시오.
3. 본문에 등장하는 다음 키워드를 활용해서 러시아에서의 사업 전망을 서술하시오.

бизнес : 비즈니스, 기업, 상거래;
шанс : 좋은 기회, 찬스;
карьера : 직업, 캐리어;
предпринимательство : 기업, 사업체;
конкуренция : 경쟁;
отрицательные и положительные черты : 단점과 장점;
провинция : 시골, 지방;
перспективы : 전망, 전도, 예상;
хед-хантиновое агенство- 해드헌팅 업소

Россия — реальный шанс сделать крупный бизнес и получить хорошую перспективу для карьеры. ...Общая идея такова: если ты сумел проявить себя в России, то справишься с чем угодно и где угодно. Интервью с бизнесменами-иностранцами показали, что в России необязательно иметь связи с бандитами, укрываться от налогов и подкупать чиновников. Здесь нормализуется законодательство, правовая система, налаживается быт. Уже действуют консультанты, юристы, работают ассоциации, объединения предпринимателей. Действует Европейский бизнес-клуб.

Иностранцы говорят, что Россия — страна с полноценной экономикой. Здесь сформировались масштабные рынки, где нет никаких преград для свободного предпринимательства и конкуренции. Это рынки потребительских товаров, производства бытовой техники и др.

После кризиса 1998 года русские стали реалистами, научились считать деньги, экономить. В стране активно действуют западные хед-хантиновые агенства, не делая особых скидок на то, русский ты или иностранец.

Впрочем, старший менеджер по стратегии российского «Самсунга» Сынг Сик Чой сказал, что русские не совсем обычные. Они — корейцы. Почему? Потому что у них души корейские.

Иностранцы считают, что у русских бизнесменов есть ряд положительных и отрицательных национальных черт.

Так, например, русские лучше, чем в других областях чувствуют себя в производстве, сбыте, технике, инженерии, в высоких технологиях. Несколько хуже обстоит дело с финансами, но это не национальное, а, скорее всего, советское наследие. Сильное преимущество русских бизнесменов и менеджеров — склонность к инновациям, вкус к риску, игре, новым подходам, выраженная предпринимательская жилка. Русские амбициозны, азартны, не боятся рисковать. Они критичны, не склонны к чинопочитанию — в оценке партнера или начальника ориентируются на конкретные заслуги, а не на регалии и должность.

Русские бизнесмены интуитивны, они психологи. Но вместе с тем русские — мастера уничижительного отношения к себе и к своей стране. Самодержавность — другой порок русского стиля менеджмента, особенно в крупных компаниях с сильным государственным влиянием или наследием. Руководитель чрезмерно концентрирует на себе решения, нередко впадает в волюнтаризм. Впрочем, в компаниях, действующих в конкурентной среде, этого уже нет.

Русский менеджмент чрезмерно политизирован, слишком большую роль играют личные связи, неформальные отношения.

Транжирство, расточительство — этого после кризиса стало меньше. Однако, такой ресурс, как время, ценится попрежнему, недостаточно.

Как действовать в России? Прежде всего надо помнить ,что Россия — страна динамичная. Здесь нельзя рисковать и не следует бояться. Иностранному менеджеру в России следует отказаться от высокомерия. Чтобы приобрести авторитет среди русского персонала или партнеров, необходимо зарекомендовать себя делом.

Далее. Россия — не дикая страна. Люди здесь образованные, знающие и довольно шустрые. Мошенничать не следует. Но и слишком доверяться — тоже не резон.

Желательно знать русский язык, хотя почти все молодые русские специалисты говорят по-английски.

Надо идти в провинцию. Там много проблем — народ попроще. Главные перспективы именно на периферии.

Удачи вам в России!

Андрей Шмаров
Эксперт
http://www.i2r.ru/static/223/out_5834.shtml

Раздел V.

СЛОВАРЬ СОКРАЩЕНИЙ

주요 러시아어 약어

АЗС : автозаправочная станция 주유소
АН : академия наук 과학아카데미
АО : автономная область 자치주
АО : автономный округ 자치구
АО : акционерное общество 주식회사
АСЕАН: 동남아시아국가연합 (ASEAN)
АТС : автоматическая телефонная станция 전화국
АТЕС: 아시아태평양경제협력체(APEC)
АТР-Азиатско : Тихоокеанский Регион 아시아 태평양 지역
АЭ : Атомная энергия 원자력
АЭС : атомная электростанция 원자력발전소
БАМ : Байкало-Амурская магистраль 바이칼-아무르 간선철도
бывш. : бывший 예전의
в. : век 세기 (100년)
ВАЗ : Волжский автомобильный завод 볼가 자동차 공장
ВВП : внутренний валовый продукт 국내총생산
ВМФ : военно-морской флот 해군함대
ВНП : валовый национальный продукт 국민총생산
ВОЗ : 세계보건기구 (WHO)
вост. : восточный 동쪽의, 동양의
ВПК : военно-промышленный комплекс 군수산업단지
ВТО : 세계무역기구 (WTO)
в т.ч. : в том числе 그속에, 그속에 포함되어
вуз : высшее учебное заведение 고등교육기관
г : грамм 그램
г. : год 년, 살
гг : годы 년, 살
г. : город 도시
гг · города 도시들
га : гектар 헥타르
генсек : генеральный секретар 서기장
г-д : господин 남성의 경칭(님,씨), 신사
г-жа : госпожа 여성의 경칭, 부인
г-да : господа 여러분
ГИБДД : государственная инспекция безопасности дорожного движения 국가 도로운전 안전 감독
ГКО : государственные краткосрочные облигации 국가 발행 단기채권
г.р. : год рождения 출생년도

гос-во : государство 국가
ГЭС : гидроэлектростанция 수력발전소
деж. : дежурный 당직의, 당직 · 숙직 근무의
дл. : длина 길이, 키, 높이
док : т : документ 증서, 문서
доц. : доцент 대학 조교수
д-р : доктор 박사, 의사
др. : другой, другие 다른, 다음의
ЕС : Европейское сообщество 유럽연합 (EC)
ЕЭС : Европейское экономическое сообщество 유럽경제연합 (EEC)
ЕЭС : единая энергетическая система 단일 에너지체계 방식
ж / д : железная дорога 철길
ж.д. : железнодорожный 철도의
зав. : заведующий 관리인, 지배인, 책임자
зам. : заместитель 차관, 차장, 대리자
ИВЦ-информационно- вычислительный центр 정보전산센터
ИКАО : International Civil Aviation Organization 국제 민간 항공 기구 (ICAO)
и.т.д. : и так далее 그밖에, 등등
и.т.п. : и тому подобное 등등
кв.км. : квадратный километр 평방킬로미터
КЗОТ : кодекс законов о труде 노동법전
КР- край 국토, 지역, 지대
к-рый, кот. : который 어느, 몇번째의
КПРФ : Коммунистическая партия Российской Федерации 러시아 연방 공산당
к / ф : кинофильм 영화
л : литр 리터
ЛДПР : Либерально-демократическая партия России 러시아 자유민주당
Лит. : Литература 문학
м : метр 미터
м.б. : может быть 아마도
МАГАТЭ : International Atomic Energy Agency 국제원자력기구 (IAEA)
МБРР : International Bank for Reconstruction and Development 국제부흥개발은행 (IBRD)
МВД : Министерство внутренних дел 내무부
М-во : министерство 부, 성, 정부, 내각
МВФ : международный валютный фонд 국제통화기금(IMF)
МГУ : Московский государственный университет 모스크바 국립대학교
мед. : медицинский 의학, 의술의

мес.: месяц 달
МИД: Министерство иностранных дел 외무부
мин.: минимальный 최저의, 최소한의
мин.: министерство 부, 정부, 부처
мл.: младший 젊은
млн.: миллион 100만
млрд: миллиард 10억
мм: миллиметр 밀리미터
МОК: Международный олимпийский комитет 세계올림픽위원회(IOC)
МОТ: International Labour Organization 국제노동기구(ILO)
МП: малое предприятие 소기업
МПС: Министерство путей сообщения 교통부
МС: Межпарламентский союз 국제의원연맹
НЛО: неопознанный летающий объект 미확인 비행물체(UFO)
НЦ: научный центр 과학센터
НЭП: новая экономическая политика 신경제정책(1921~27년의 소련경제 정책)
о.: область 주, 지방, 오블라스찌.
о.: остров 섬
об-во: общество 사회, 공동체
обл.: область, областной 주의, 지방적인
о.: остров 섬
оз.: озеро 호수
ОК: областной комитет 주위원회, 지방위원회
ОК: отдел кадров 인사과
ООН: Организация объединённых наций 국제연합 (UN)
ОРТ: общественное российское телевидение 러시아공영텔레비젼
отв.: ответственный 책임있는, 중요한
отд.: отдел, отделение
отдельный 부, 국
отл.: отлично 좋다, 훌륭하다
отм.: отметка 기호, 부호
п.: посёлок 부락, 거리
Пбг.: Петербург 뻬쩨르부르그
пед.: педагогический 교육의, 교육학의
ПК: персональный компьютер 퍼스널(개인)컴퓨터
пн.: понедельник 월요일
п / о: почтовое отделение 우체국

п / о: производственное объединение 생산연합
пр-во: производство 생산, 제조
пр-во: правительство 정부, 내각
пред.: председатель 의장, 위원장, 회장
пром.: промышленный 산업의
пром-сть: промышленность 산업
проф.: профессиональный 직업상의, 전문의
проф.: профессор 교수
профсоюз: профессиональный союз 전문연합
пт.: пятница 금요일
р.: река 강
р-н: район 지역, 구역
РАН: Российская академия наук 러시아 아카데미
Росс: Российский 러시아의, 러시아인의
РФ: Российская Федерация 러시아연방
с: секунда 초
с.: село 마을, 부락
с.: сорт 품질, 품종
с.: страница 페이지
САБ- Самоходная Армиллерийская Бригада 자주 포병연대
с.г.: сего года 금년의
с.-д.: социал-демократ 사회민주당원
сиб.: сибирский 시베리아의
слав.: славянский 슬라브인의
след.: следующий 다음의
СМ: Совет Министров 각료회의, 내각
СМИ: средства массовой информции 대중언론매체
СНГ: Содружество Независимых Государств 독립국가연합
Совмин: Совет Министров 각료, 국무회의
совр.: современный 동시대의, 현대의
совхоз: советское хозяйство 국영농장
СП: совместное предприятие 합작회사
СП: союз писателей 작가연맹
спец.: специалист 전문가, 특기자
спец.: специальный 특수한, 특별한, 저문의
ст.: станция 역, 정거장
ст.: старший 오래된, 낡은
СТО: станция технического обслуживания 자동차 정비

стр.: страница 페이지
стр-во: строительство 건설, 건축
с.х.: сельское хозяйство 농업
с / х: сельскохозяйственный 농업의
т.: телефон 전화
t: температура 온도
т-ра: температура 온도
т: точка 마침표
ТВ: телевидение 텔레비젼
тв-во: творчество 창조, 창작, 작품
т.г.: текущего года 금년의
т.к.: так как ~이기때문에
т.е.: то есть 다시말해서, 즉
тлгр.: телеграф 전신, 전신국
т.н.: так называемый 이른바
т.о.: таким образом 이리하여, 이렇게하여
ТНП: товары народного потребления 생필품
ТПК: торгово: промышленный комплекс 무역산업단지
т-р: театр 극장
т / с: текущий счёт 당좌예금
УГ: уголовный 형사상의, 형법의
УК: уголовный кодекс 형법
ун-т: университет 대학
УПК: уголовно-процессуальный кодекс 형사소송법
уч-ся: учащийся 배우는, 학습하는
фак-т: факультет 학부
ФБ: Федеральный Бюджет 연방예산
ФБС: Федеральная-Бюджетная Система 연방예산제도
фин.: финансовый 재정의, 금융의
ФИО: фамилия, имя, отчество 성, 이름, 부칭
ф-ка: фабрика 공장
х-во: хозяйство 주인
хор.: хорошо 좋다
худ.: художник 화가
ц.: цена 자격
ЦБ: центральный банк 중앙은행
ЦК: Центральный Комитет 중앙위원회
ЦС: Центральный Совет 중앙회의

ч.: час 시
чел.: человек 사람
ЧК: Чрезвычайная Комиссия 비상위원회
ЧП: чрезвычайнное происшествие 비상사건, 대형사건
чтв.: четверг 목요일
шк.: школа 학교
ЭВМ: электронно- вычислительная машина 컴퓨터
экз.: экземпляр (책 · 문서 등의) 권, 부
эконом.: экономический 경제의
эксп.: экспедиция 발송, 파견
электр.: электрический, электронный 전기의, 전자의
юж.: южный 남한의
юр.: юридический 법학의
яз.: язык 언어
яп.: японский 일본의

이길주
한국외국어대학교 러시아어과 학사
한국외국어대학교 동시통역대학원 석사
한국외국어대학교 대학원 문학박사
미국 미들베리 대학교 및 몬테레이 국제대학교 석사과정
러시아 이르꾸츠크 국립대 교환교수
일본 북해도 대학교 초빙 연구교수
배재대학교 러시아학과 교수 (현재)

저 · 역서 및 논문

『도스또예프스끼의 세계관—예지와 명언』(배재대학교 출판지원실, 2010)
『카라마조프가의 형제들』(아름다운날, 2009)
『시베리아 개발은 한민족의 손으로』(국학자료원, 2009)
『작가의 일기』(지식을 만드는지식, 2008)
『현대 러시아의 이해를 위한 러시아 탐방』(배재대 출판부, 2008)
『끄르일로프 우화』(배재대 출판부, 2007)
『러시아의 역사』(까치, 2001)
『러시아, 상상할 수 없었던 아름다움과 예술의 나라』(리수, 2003)
『도스토예프스키의 유럽인상기』(도서출판 푸른숲, 1999)
「도스또옙스끼의 "작가의 일기"에 나타난 장르의 실험과 유토피아의 모순」
「발렌찐 라스뿌진의 "살아라 그리고 기억하라"에 나타난 나스쪼나의 죄와 벌의 문제」
「도스또예프스끼와 시베리아」
「시베리아-아시아:유라시아 공간 이미지 속의 도스또옙스끼의 갱생과 이념」 외 다수

실무 러시아어 강독

1판 1쇄 발행 _ 2012년 2월20일
1판 2쇄 발행 _ 2015년 2월 28일

편 저 자 · 이 길 주
발 행 인 · 정 현 걸
발 　 행 · 신 아 사
인 　 쇄 · 예지인쇄
출판등록 · 1956년 1월 5일 (제9-52호)
주 　 소 · 서울특별시 은평구 녹번동 28-36번지 2F
전 　 화 · (02-382-6411 · 팩스 (02)382-6401
홈페이지 · www.shinasa.co.kr
E-MAIL · shinasa@chol.com

ISBN 978-89-8396-761-9 (93790)

정가 10,000원